Hacia la literatura

Hacia la literatura

Sheri Spaine Long
University of Alabama at Birmingham

Susan McMillen Villar
University of Minnesota

Frances Meuser
Oakland University

JOHN WILEY & SONS, INC.
New York • Chichester • Weinheim
Brisbane • Singapore • Toronto

ACQUISITION EDITOR: Lyn McLean

SENIOR MARKETING MANAGER: Karen Allman

SENIOR PRODUCTION EDITOR: Jeanine Furino

COVER & TEXT DESIGNER: Dawn L. Stanley

EDITORIAL PROGRAM ASSISTANT: Jennifer Williams

SENIOR PHOTO EDITOR: Hilary Newman

ILLUSTRATION COORDINATOR: Anna Melhorn

COVER PHOTO: ''Two Girls Reading'' by Pablo Picasso © 1998 Estate of Pablo Picasso/Artists Rights Society (ARS), NY/Art Resource

Unit 1 Opener: Celebración del Día de los Puertorriqueños en Nueva York.

Unit 2 Opener: Sin título. © 1942 Frida Kahlo.

Unit 3 Opener: Caracas, Venezuela.

Unit 4 Opener: Tierra del Fuego, Argentina

This book was set in Meridien Roman by University Graphics, Inc. and printed and bound by Hamilton Printing. The cover was printed by Phoenix Color Corporation.

This book is printed on acid-free paper.

The paper in this book was manufactured by a mill whose forest management programs include sustained yield harvesting of its timberlands. Sustained yield harvesting principles ensure that the numbers of trees cut each year does not exceed the amount of new growth.

Library of Congress Cataloging in Publication Data:
Hacia la literatura / Sheri Spaine Long, Susan McMillen Villar,
  Frances Meuser.
     p. cm.
   Includes bibliographical references and index.
   ISBN 0-471-16173-X (paper : alk. paper)
   I. Spanish language—Readers. I. Long, Sheri Spaine.
 II. Villar, Susan McMillen. III. Meuser, Frances.
 PC4117.H215 1998
 468.6'421—dc21   97-27137
                                                     CIP

Printed in the United States of America

10 9 8 7 6 5 4 3 2

To the Instructor

What is *Hacia la literatura*?

Hacia la literatura is a content-based, task-oriented literary reader presented entirely in the target language. It contains both traditional and non-traditional literary selections with companion activities in a text/worktext format. *Hacia la literatura* is best employed in a student-centered classroom where the communicative nature of language demands time for culture, speaking, listening, writing and reading.

Goals of this text

- To provide a strong bridge between the study of language and literature.
- To expand cultural understanding of the Spanish-speaking world.
- To teach students to read many types of literary selections and in the process, think in the second or heritage language.
- To provide Spanish language and literature instructors and their students strategies for studying readings along with specific assignments for implementing these methods or adapting it to their own approaches.
- To demonstrate to students how "literary language" can be used to discuss various forms, levels and periods of the cultures of Spanish-speaking peoples.
- To use language to guide students to an appreciation of literature.
- To apply recent developments in reading pedagogy to Spanish language instruction.
- To consider reading as an integrated, collaborative and communicative act rather than an isolated exercise.
- To provide activities that stimulate reading and simultaneously exercise writing, speaking and listening comprehension skills.

How will this text benefit students?

Hacia la literatura is a bridge to upper level literature courses that will help students *enjoy* their reading experience, rather than be frustrated by it. Left to their own devices and facing a reading selection, most students open their dictionaries and begin to work through the text word by word. *Hacia la literatura* orients students with its carefully written tasks that guide them through the reading selections. The text/worktext format, which we found that our students prefer, bring students closer to the material. By reading both traditional and non-traditional literary selections, students learn how to approach a wide variety of literary selections drawn from the broad cultural base of the Spanish-speaking world. *Hacia la literatura* addresses the students' need to use and further develop their thinking processes as they read, to maximize the linguistic, cultural and literary knowledge that they bring to the readings and build on this base toward increased Spanish literacy.

Level/appropriate courses

Keeping in mind that "intermediate level" can vary at different institutions, we generally consider this text to be appropriate for second or third year levels at post-secondary institutions and for third, fourth or more advanced levels at secondary schools. This text may also be useful for adult education courses and certain types of reading and writing based courses for people who speak Spanish as a heritage language.

Organization

Hacia la literatura contains a rich collection of traditional literary texts such as poems, short stories, essays, and excerpts from novels. Additionally you will find non-traditional texts such as Hispanic literature written in the U.S. There are a variety of selections written by women, as well as movie and music reviews, lyrics to popular music, comic strips, posters, cartoons, graffiti and even a fairy tale. *Hacia la literatura* consists of 26 literary selections and related materials that are organized around five basic chapter themes: *La experiencia hispana en EEUU*, *Temas gastronómicos*, *Donde vivimos*, *Relaciones humanas*, and *Tradiciones, mitos y leyendas*. Although the authentic reading selections are related by theme, the selections do not have to be read in sequence. The instructor is encouraged to pick and choose reading selections matching them to course goals and students' interests. However, it is recommended that the activities for each reading selection be followed from beginning to end as each task builds on another and gradually increases in difficulty. Omit only those activities that may not be compatible with your class or that time will not allow. Additionally, there are boxed literary definitions in the text and a Spanish-English glossary at the end of the book for student support.

Each reading begins with information about the origin of the selections and includes three basic activity sections: *Antes de leer*, *Lectura*, and *Después de leer*. Most chapters feature one literary selection, but there are several that contain two related readings and double *Antes de leer* and *Lectura* activities, such as the selections on *Como agua para chocolate* and *La casa en Mango Street*.

Antes de leer. *Antes de leer* includes pre-reading activities (i.e. word play, associations and brain-storming activities) that encourage students to preview vocabulary as well as anticipate what they might encounter in the text. Often designed for pairs or small groups, these activities help students relate to the text by linking experiences from their world to ones that they might encounter in the text, thereby promoting comprehension.

Lectura. The literary selection or selections follow in the section called *Lectura*. As mentioned previously, we have expanded the traditional notion of literature to make the study of literature more accessible to the intermediate student. Although the texts are placed before the reading activities for convenience, we encourage students <u>to do the reading and the reading activities at the same time</u>. We highly recommend that students be assigned to reread the selections again after this initial guided reading. As second language acquisition researchers point out, there is no substitute for multiple passes over the material.

Unlike the *Antes de leer* activities that are created for pairs and small groups, most of the *Lectura* activities are developed so that they can be done alone and outside of class. There are several exceptions where we thought that students might enjoy the texts more if they were to read them with the help of pair or group activities. However, there is no reason why any of the *Lectura* activities cannot be done in pairs or small groups in class. The primary purpose of these activities is to guide the student through the reading process step-by-step and to provide necessary vocabulary, historical and cultural information as well as literary terminology when it is needed to help students comprehend the text. All of this information is provided in the target language by using examples, cognates and circumlocution. In this way, the students develop the skills that are crucial to advanced language. Many of the *Lectura* activities end with a synthesizing or basic literary interpretation activity that the instructor can use to decide how well the particular text is being understood. In summary, in this section the students are guided through the reading(s) with activities that encourage them to seek specific material rather than expecting them to comprehend the entire literary selection on their own.

Después de leer. The reading section is followed by *Después de leer*, or post-reading activities that expand and build on the selections. The activities are typically done in pairs or small groups, although in some cases students will be asked to work alone to create their own text; a poem, narration, or an essay. Often these activities include collaborative writing, thinking and discussion activities to practice language using themes, literary concepts and other information. You will not find the usual comprehension questions; comprehension is addressed in the *Lectura* section.

Enlaces opcionales. The last section in each chapter, *Enlaces opcionales*, is designed to encourage the students to connect ideas and concepts. These entirely optional items link the various reading selections within the book to each other through comparison and contrast. Other *enlaces* connect the selections with texts or media, (i.e. film, television, Internet) outside of this book and the classroom. The *enlaces* may be used for class discussion, composition topics, test items, or in any other way that the instructor finds useful.

Method

As instructors of this level, which we identify as the transition period that comes at the middle of the second or beginning of the third year (post-secondary), or the third or fourth year of secondary studies, we have designed a text that we feel will be useful to enable students to master progressively more advanced reading tasks. Using the writing process as a model, we want students to learn reading as a process of sampling, predicting and confirming meaning. Our approach focuses on the interactive nature of reading instead of on linguistic decoding. All of this is compatible with current reading pedagogy that advocates a student-centered classroom emphasizing the communicative nature of language. Our approach is based on our own practical experience in the classroom. Below is a select bibliography of sources which we have found useful.

Select bibliography

Barnett, Marva. "Reading Through Context." *Modern Language Journal* 72 (1988): 150–159.

Harper, Sandra. "Strategies for Teaching Literature at the Undergraduate Level." *Modern Language Journal* 72 (1988): 402–408.

Knutson, Elizabeth. "Teaching Whole Texts: Literature and Foreign Language Instruction." *French Review* 67 (1993): 12–26.

Kramsch, Claire. "Literary Texts in the Classroom: A Discourse." *Modern Language Journal* 69 (1985): 356–366.

Krashen, Stephen. *The Power of Reading.* Englewood, CO: Libraries Unlimited, 1993.

Lee, James. "Background Knowledge and L2 Reading." *Modern Language Journal* 70 (1986): 350–354.

Lee, James and Diane Musumeci. "On Hierarchies of Reading Skills and Text Types." *Modern Language Journal* 72 (1988): 173–187.

Philips, June. "Practical Implications of Recent Research in Reading." *Foreign Language Annals* 17 (1984): 285–296.

Rodrigo, Victoria. "¿Son conscientes los estudiantes de español intermedio de los beneficios que les brinda la lectura?" *Hispania* 80 (1997): 255–264.

Shook, David. "Identifying and Overcoming Possible Mismatches in the Beginning Reader-Literary Text Interaction." *Hispania* 80 (1997): 234–243.

Swaffar, Janet. "Reading Authentic Texts in a Foreign Language: A Cognitive Model." *Modern Language Journal* 69 (1985): 15–34.

Swaffar, Janet. "Readers, Texts, and Second Languages: The Interactive Process." *Modern Language Journal* 72 (1988): 123–149.

Swaffar, Janet, Katherine Arens, and Heidi Byrnes. *Reading for Meaning: An Integrated Approach to Language Learning.* Englewood Cliffs, NJ: Prentice Hall, 1991.

Vogely, Anita Jones. "Introductory Spanish Literature Courses: An Instructional Model." *Hispania* 80 (1997): 244–254.

Young, Dolly. "Activating Student Background Knowledge in a Take Charge Approach to Foreign Language Reading." *Hispania* 74 (1991): 1124–32.

How to use this book

- Progress through the *Antes de leer* activities in class.
- In the *Lectura* section, assign the reading selection and have students work their way through their first encounter with the reading outside of class, using the activities that follow the selection. Suggest that they reread the selection again before they go on to the *Después de leer* section.
- Complete the *Después de leer* section in or outside of class.

Acknowledgments

We would like to thank our students who have inspired us to collaborate on this text. A special word of thanks to Gustavo Pérez Firmat who tailored the preface to one of his books as an essay for inclusion in our text, to writer Lucía Guerra with whom we have collaborated during the development of the section on *Más allá de las máscaras*, and to María Chavarría who has helped us with the Peruvian myth and has allowed us to publish her collected version. It would be impossible to name all of the generous individuals who have contributed to *Hacia la literatura* but we would like to name a few on the Wiley staff who have been generous, patient and, above all, professional. This includes: Lyn McLean, Acquisitions Editor; Carlos Davis, Former Acquisitions Editor; Jennifer Williams, Project Coordinator; Jeanine Furino, Senior Production Editor; Leslie Hines, Senior Marketing Manager; Hilary Newman, Senior Photo Editor; Anna Melhorn, Illustration Editor; and Dawn Stanley, Cover and Text Designer. Additionally we would like to extend our thanks to Madela Ezcurra who helped develop this book for us.

We are especially grateful to our colleagues who read parts or all of the manuscript and commented on it.

Hacia la literatura reviewers

Name	Affiliation
Deana Alonso	Southwestern College
Maria Amores	West Virginia University
María Cecilia Colombi	University of California, Davis
José Díaz	Hunter College High School
Carmen C. Esteves	Lehman College
Ronald Freeman	California State University, Fresno
Edward Friedman	Indiana University
Mary Margaret Foreman	Purdue University
Antonio Gil	University of Florida
José H. Ortega	Saint Mary's Hall
Cecilia Rodríguez Pino	New Mexico State University
Richard Raschio	University of St. Thomas
Yesenia Rodríguez	Augustana College
Dolly J. Young	The University of Tennessee, Knoxville

About the authors

Sheri Spaine Long is an Assistant Professor of Spanish at the University of Alabama at Birmingham. She teaches language, literature, and foreign language pedagogy. She received her Ph.D. in Hispanic Languages and Literatures from the University of California, Los Angeles, where she was a Del Amo Fellow. She has presented conference papers on twentieth-century Peninsular literature and foreign language pedagogy. Her publications include articles and reviews in *Foreign Language Annals*, *Hispania*, *Dimension* and *Romance Languages Annual*; and she has co-authored rhetorics for both Spanish and French composition (*Redacción y revisión: Estrategias para la composición en español* and *En train d'écrire: A Process Approach to French Composition*, McGraw-Hill, 1993).

Susan McMillen Villar received her Ph.D. in Hispanic and Luso-Brazilian Literatures and Linguistics with a related field in Second Language Acquisition from the University of Minnesota where she presently serves as the Interim Director of Language Instruction and the Supervisor of First Year Language. Her instructional duties include teaching language, literature and Peninsular culture. She has presented papers on Colonial literature as well as conferences and workshops on second language acquisition, and has published articles on literature and pedagogy in professional journals. With Frances Meuser she co-authored the test bank for *Dos Mundos* (McGraw-Hill, 1994). She also serves on the reading assessment team for the Minnesota State Articulation Project.

Frances Meuser, an Assistant Professor of Spanish at Oakland University, Rochester, Michigan, received her Ph.D. in Hispanic and Luso-Brazilian Literatures and Linguistics with a related field in Second Language Acquisition from the University of Minnesota. She serves as the University Field Supervisor of Teaching Interns at Oakland University. Her instructional duties include teaching language, literature and teaching methods and supervising the internship experience of participants in Oakland University's Secondary Teacher Education Program. She has presented papers on Golden Age, Colonial and twentieth century literature as well as conferences and workshops on second language acquisition, and has published articles on literature and pedagogy in professional journals. She and Susan McMillen Villar co-authored the test bank for *Dos Mundos* (McGraw-Hill, 1994).

To the Student

We hope that you enjoy exploring literature of Spanish-speaking world through *Hacia la literatura*. To help you through the process, for quick reference, we offer you a short list of literary terms that you will be seeing and using again and again.

LISTA SELECTA DE TÉRMINOS LITERARIOS

analogía	explicar una situación o circunstancia por compararla a la otra ya comprendida
cognado	palabra que se deriva de la misma raíz y así se parecen en las dos (o más) lenguas
cuarteto	estrofa de cuatro versos, de catorce sílabas, con una sola rima consonante
desenlace	momento de un texto literario en que se resuelve el enredo, solución al final de la obra
ensayo	obra literaria, generalmente breve y en prosa, que consiste en reflexiones hechas sobre un tema o tópico determinado
estribillo	una estrofa que se repite en la poesía o en la música
estrofa	cierto número de versos sometidos a un orden para formar la estructura de un poema
ironía	expresa lo contrario de lo que se quiere dar a entender
metáfora	traslación del sentido literal de una palabra a otro simbólico o figurado
metaliteratura	cualquier obra que se trata de la literatura o el acto de escribir
narrador	el que cuenta o relata
narrador omnisciente	el que cuenta o relata todo incluso los pensamientos de los personajes
narrativa	lo que se relata
oda	poema lírico de tono elevado y abstracto, que celebra la existencia de una persona o un objeto
oxímoron	dos palabras que parecen contradecirse
personaje	persona que se representa en una obra literaria
personificación	dar características humanas a un objeto desanimado
símil	comparación de una cosa con otra para dar una representación más expresiva o poética
tradición oral	transmisión de persona a persona y grupo a grupo de canciones, mitos, leyendas, historias, etc. durante largo tiempo, sin escribirlos
trama	conjunto de sucesos, argumento del texto
verosímil	elemento literario que parece creíble o se puede creer
verso	cada una de las líneas de poesía, puede ser una palabra o conjunto de palabras cometidas a cierta medida y ritmo

Contents

La experiencia hispana en EEUU

*M*uchas personas de herencia hispana llegaron a Estados Unidos porque sus familias las trajeron, y viven ahora entre dos culturas, una norteamericana y otra latina. Hoy en día algunas de estas personas relatan sus experiencias en ensayos, poemas, obras de teatro y narrativas en inglés para un público norteamericano. Puesto que las mismas obras también le interesan a un público latino fuera de Estados Unidos, muchos de estos escritores han tenido la oportunidad de publicarlas en español. Algunos, como Pérez Firmat, dominan igualmente el español y el inglés; no es decir que es siempre fácil, pero pueden escribir en los dos idiomas. Otros, como Álvarez, mezclan los dos idiomas en la misma obra, jugando con las semejanzas y las diferencias entre los dos, y publican un volumen con dos títulos, uno inglés y el otro español. Sin embargo, para muchos escritores hispanos de Estados Unidos que quieren traducir sus experiencias totalmente al español, hay un problema. Aunque hablan español y lo consideran su lengua materna, es decir, su primer idioma, la mayoría ha recibido su formación escolar en inglés y les es difícil escribir en español. Para publicar sus obras en español estos escritores han tenido que confrontar la decisión entre buscar un traductor, como hizo Cisneros, o la de aprender, de una manera más formal, su lengua materna, como hizo Santiago. Aunque vamos a ver que en cada caso hay dificultades, lo importante es que estos escritores han dado voz a una situación a la vez provocativa y agridulce.

Selección 1
Y/o: Yo

BIO: Gustavo Pérez Firmat (1949–   )

GUSTAVO PÉREZ FIRMAT *nació en Cuba y llegó a los Estados Unidos con su familia a la edad de once años. Escribe poesía, crítica y ficción. Actualmente es profesor en Duke University; vive en Chapel Hill, North Carolina. El ensayo que aparece aquí describe el placer y la pena de redactar dos veces uno de sus libros,* **Next Year in Cuba***, primero en inglés y después en español.*

Antes de leer

En grupos de tres o cuatro personas, hablen de los temas siguientes:

A. Piensen Uds. en una situación en que una persona normalmente siente fidelidad o lealtad hacia otra persona, o quizás hacia una compañía o institución. Noten algunos ejemplos.

❶ *unos amigos que se conocen por muchos años*

❷ _____

❸ _____

❹ _____

❺ _____

B. Lo opuesto de *fidelidad* es *traición*.

❶ ¿Cuáles serían ejemplos de una traición, es decir, violaciones de la lealtad que notaron en la Actividad A?

a. *la traición de una compañía que ha eliminado el puesto de un empleado con veinte años de servicio*

b. _____

c. _____

d. _____

e. _____

❷ ¿Se han sentido Uds. (o sus amigos) traicionados alguna vez? Cada persona debe anotar su propio ejemplo.

_____

_____

_____

_____

❸ Compartan cualquier ejemplo que quieran.

_____

_____

C. Muchas veces, aunque una persona habla bien una segunda lengua, es difícil pensar siempre en aquella lengua. ¿En que lengua piensan Uds.? _____ ¿En que lengua sueñan? _____

Ahora dirígete a las actividades que acompañan la lectura y úsalas para guiarte paso a paso por la lectura.

Y/o: Yo

Se dice que recordar es volver a vivir. Para mí, recordar es volver a escribir.

Hace unos años redacté el mismo libro dos veces, primero en inglés y después en español. Se trataba de un libro de memorias, un
5 recuento de la historia de mi familia en Cuba y en Estados Unidos. Aunque quería que las dos versiones fueran idénticas, pronto me di cuenta de que nunca lo podrían ser. De hecho, la versión española era a la vez un acto de fidelidad y de traición. Traición no sólo porque el libro se había escrito originalmente en inglés, sino porque se había es-
10 crito *hacia* el inglés. Cada capítulo expresaba mi deseo de descubrir o inventar un lugar donde plantarme, donde declarar de una vez por to-das, ''¡Aquí me quedo!''—y así poner fin a muchos años de vaivenes y vacilaciones, de titubeos y tardanzas. Como esos vaivenes han sido tanto espirituales como geográficos, el lenguaje en el cual se articula la
15 búsqueda, las palabras que empleaba para ubicarme, también forman parte del resultado de la travesía. Además de ser un vehículo, un idioma es un lugar, y redactar el libro primero en inglés fue una manera de hurgar y hallar a la vez. El inglés era tanto ruta como destino. A mi hijo, que actualmente tiene trece años, le gusta decir que él es cubano,
20 pero David afirma su cubanía en inglés. La segunda versión del libro incurría en una ironía complementaria: usaba el español para afirmar mi pertenencia—difícil, dolorosa a veces, pero no por ello inauténti-ca—a la sociedad norteamericana: *Here I am!*

También sucede, sin embargo, que verter el libro al español era res-
25 tituirlo a su idioma natal y a su cultura de origen. En este sentido, la traducción al español era más fiel a mis experiencias que el original en inglés. A pesar de que me gano la vida como profesor de literatura es-pañola e hispanoamericana, antes de mis memorias en inglés nunca me había percatado de lo mucho que me hace falta el español. Me hago la
30 idea de que vivo en inglés, pero sigo dependiendo de módulos de pensar y sentir que tienen poco o nada que ver con mi vida en Estados Unidos. Hace unos años hubo una película titulada *Back to the Future*. Para mí la redacción de este libro representó una vuelta hacia el futuro—regreso y progreso. A veces para coger impulso hay que dar marcha atrás. Al
35 salir en busca de un domicilio en Estados Unidos, me había encontrado nuevamente con Cuba.

Sé que a algunos lectores les parecerá que todavía quedan en mi texto expañol demasiadas palabras inglesas o giros norteamericanos. Pero borrar todas las huellas del inglés en la traducción—aun si fuera
40 capaz de hacerlo—hubiera sido tan falso como haber borrado todas las huellas del español en el original. Para bien y para mal, existo en dos idiomas, y si el español me hace muchísima falta, no menos falta me hace el inglés. Hace años, en un contexto distinto, un gran escritor cu-bano, Juan Marinello, escribió una frase fatal: ''Somos a través de un

45 idioma que es nuestro siendo extranjero." En mi caso, como en el de millones de otros hispanos residentes en este país, dos son los idiomas propios y ajenos, dos son las lenguas maternas y alternas. Mi destino—o mi desatino—es escribir inglés con acento cubano y escribir español con cierta inflexión yanki.

50   Soy yo y *you* y tú y *two*. ■

> **ensayo**—obra literaria, generalmente breve y en prosa, que consiste en reflexiones hechas sobre un tema o tópico determinado

A. Este ensayo tiene que ver con el libro *Next Year in Cuba* que se publicó en 1995, 35 años después de la inmigración de la familia Pérez Firmat a Miami. Lee las dos primeras frases.

❶ ¿Qué opinas? El autor

a. _____ quiere escribir.

b. _____ no quiere ni recordar ni escribir.

c. _____ tiene que escribir.

❷ ¿Crees que este ensayo va a ser personal o impersonal? ¿objetivo o subjetivo? ¿Por qué?

_____

_____

B. Lee tres oraciones más. En este párrafo el autor escribe del acto de escribir.

❶ Aunque dice que escribió el mismo libro dos veces, ¿son idénticas las dos versiones?

❷ La cuarta frase revela un conflicto y el resto del párrafo trata de explicarlo. Lee la cuarta y la quinta frase.

a. Normalmente, *hacia* indica un movimiento en la dirección de algo. Aquí el uso es figurativo. Describe en tus propias palabras la traición de escribir "hacia el inglés".

_____

_____

_____

b. ¿Crees que de veras es traición? _____

❸ El resto del párrafo habla de la idea de escribir como traición. Lee el párrafo con cuidado. Estas palabras te ayudarán: *vaivén*, *vacilación* y *titubeos*. Son más o menos sinónimos que representan un movimiento irregular y, figurativamente, denotan una duda o falta de llegar a una decisión. El caso de *hurgar* y *hallar* es el opuesto; son antónimos. Mientras *hurgar* quiere decir *buscar*, *hallar* significa *encontrar*.

a. Después de leer, da dos razones que expliquen por qué Pérez Firmat pudo haber escrito sus memorias.

(1) _____

(2) _____

b. Mientras el autor afirma su dualidad cubano-norteamericana, su hijo, David, afirma su *cubanía*, es decir, *su condición de ser cubano*. Explica en tus propias palabras la ironía de estas afirmaciones.

ironía—expresar lo contrario de lo que se quiere dar a entender; lo contrario de lo que se espera o se supone

_____

_____

_____

c. ¿Por qué expresa "*Here I am!*" en inglés?

_____

_____

C. El tercer párrafo cambia el enfoque de la idea de traición a la de fidelidad. Lee el párrafo con cuidado. Estas palabras te ayudarán: en este caso *restituir a* significa *escribir de nuevo, esta vez en...*; *percatarse* quiere decir *darse cuenta de*.

❶ ¿De qué es profesor el autor? _____

❷ ¿De qué se dio cuenta en cuanto al español y el inglés?

El español	El inglés
_____	_____
_____	_____
_____	_____
_____	_____

❸ ¿Cuál es el enigma, es decir, la confusión o perplejidad de esta situación?

_____

_____

_____

D. En el cuarto párrafo, el autor parece resolver, o por lo menos aceptar, el enigma de su existencia entre dos culturas. Lee este párrafo.

❶ ¿Por qué no le molesta que algunos le critiquen el uso de demasiado inglés en su texto en español?

_____

_____

_____

2 ¿Por qué dice Pérez Firmat que la frase de Juan Marinello es ''fatal''?

_____

_____

3 _Desatino_ es _frivolidad_ o _tontería_.

a. ¿Qué tono da al fin del ensayo describir su destino como ''desatino''?

_____

_____

b. ¿Este tono inspira en los lectores ternura o animosidad hacia el autor? ¿Por qué?

_____

_____

E. En la última línea, el autor juega con las palabras españolas e inglesas. Explica en tus propias palabras lo que quiere decir.

_____

_____

_____

_____

_____

Después de leer

A. En grupos de tres o cuatro personas escojan las experiencias que hayan tenido y descríbanlas a los otros:
  1 cuando tu familia se mudó a una nueva ciudad o vecindad
  2 cuando pasaste algún tiempo como estudiante de intercambio
  3 cuando entraste en la universidad
  4 otra situación que requirió un cambio de parte de ti.

B. Hagan una lista de los sentimientos que se asocien con estas situaciones.

_____

_____

_____

_____

C. A solas, escribe un ensayo de dos a tres párrafos sobre una de las situaciones elaboradas en grupo (Actividades A y B).

Enlaces opcionales

metaliteratura—
cualquier obra que trata
de la literatura o del acto
de escribir

❶ Repasa lo que has leído anteriormente. Pensando en la definición que se da en el margen, identifica las selecciones que tienen referencias metaliterarias; por ejemplo, ''recordar es volver a escribir'' en el ensayo de Pérez Firmat.

❷ ¿Cuáles son otros ejemplos de la metaliteratura? ¿Por qué hablan los escritores del acto de escribir?

❸ Compara tus comentarios con los de tus compañeros de clase.

Selección 2
Bilingual sestina

BIO: Julia Álvarez (1950–   )

JULIA ÁLVAREZ *nació en la República Dominicana y llegó a Estados Unidos en 1960. Es poeta y novelista; además, es profesora de inglés en Middlebury College, Vermont. Ha publicado dos novelas premiadas:* **How the García Girls Lost Their Accents** *y* **In the Time of the Butterflies.** *El poema que aparece aquí es de una colección que se llama* **The Other Side/El Otro Lado,** *publicada en 1995.*

Antes de leer

A. En grupos de tres o cuatro, discutan los siguientes conceptos:

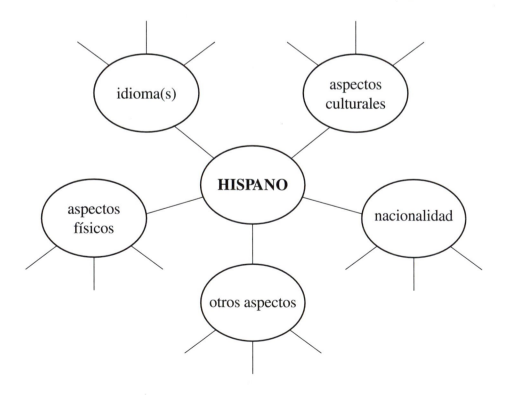

❶ ¿Qué quiere decir *hispano*? Para organizar sus ideas, completen el esquema que sigue con dos o tres palabras o expresiones que se asocien con cada elemento.

❷ Usando estas ideas, entre todos escriban un párrafo que conteste la pregunta "¿Qué quiere decir *hispano*?" Compartan su párrafo con los otros grupos.

❸ ¿Cuáles son los grupos más grandes de hispanos en EEUU? ¿De dónde son los hispanos en EEUU? ¿Dónde viven en EEUU? Completen la siguiente tabla con esta información.

Grupos	Son de	En EEUU viven en
a.	Cuba	
b.		Nueva York
c. chicanos		
d.	la República Dominicana	
e.		

❹ Nombren a personas conocidas de los varios grupos hispanos que residen en EEUU, por ejemplo, Jon Secada. Organicen una competencia entre los grupos de la clase para ver qué grupo puede crear la lista más larga.

❺ Después, comenten sobre las personas en las listas. ¿Qué hacen? ¿En qué trabajan?

> Ejemplo: El artisa Jon Secada es cubanoamericano.
> Canta en inglés y en español.

B. Los artistas, como Jon Secada, nos hacen pensar en las ventajas y las dificultades de pertenecer a dos culturas y de ser bilingüe.

❶ ¿Qué quiere decir *ser bilingüe*? Escriban una definición lo más completa posible.

_____

_____

_____

❷ ¿Cuáles son las ventajas y las desventajas de ser bilingüe y bicultural?

Ser bilingüe y bicultural

Ventajas	Desventajas
_____	_____
_____	_____
_____	_____
_____	_____
_____	_____

C. Es interesante observar que se puede jugar con dos lenguas a la vez y que la creación literaria no tiene fronteras lingüísticas. En este capítulo surge el tema del bilingüismo en un poema en que domina el inglés. Van a observar que el contexto en que se encuentran las pocas palabras españolas ayudará a descifrar el significado de las palabras españolas.

Ahora dirígete a las actividades que acompañan la lectura y úsalas para guiarte por la lectura paso a paso.

Bilingual sestina

sol
sun

tierra
earth

cielo
sky

luna
moon

Some things I have to say aren't getting said
in this snowy, blond, blue-eyed, gum-chewing English:
dawn's early light sifting through *persianas* closed
the night before by dark-skinned girls whose words
5 evoke *cama, aposento, sueños* in *nombres*
from that first world I can't translate from Spanish.

Gladys, Rosario, Altagracia—the sounds of Spanish
wash over me like warm island waters as I say
your soothing names: a child again learning the *nombres*
10 of things you point to in the world before English
turned *sol, tierra, cielo, luna* to vocabulary words—
sun, earth, sky, moon. Language closed

like the touch-sensitive *morivivi* whose leaves closed
when we kids poked them, astonished. Even Spanish
15 failed us back then when we saw how frail a word is
when faced with the thing it names. How saying
its name won't always summon up in Spanish or English
the full-blown genie from the bottled *nombre*.

Gladys, I summon you back by saying your *nombre*.
20 Open up again the house of slatted windows closed
since childhood, where *palabras* left behind for English
stand dusty and awkward in neglected Spanish.
Rosario, muse of *el patio*, sing in me and through me
that world again, begin first with those first words

25 you put in my mouth as you pointed to the world—
not Adam, not God, but a country girl numbering
the stars, the blades of grass, warming the sun by saying,
¡Qué calor! as you opened up the morning closed
inside the night until you sang in Spanish,
30 *Estas son las mañanitas*, and listening in bed, no English

yet in my head to confuse me with translations, no English
doubling the world with synonyms, no dizzying array of words
—the world was simple and intact in Spanish—
luna, sol, casa, luz, as if the *nombres*
35 were the outer skin of things, as if words were so close
one left a mist of breath on things by saying

their names, an intimacy I now yearn for in English—
words so close to what I mean that I almost hear my Spanish
heart beating, beating inside what I say *en inglés*.

---

sestina—un poema que tiene seis versos en cada estrofa

A. Observa la forma del poema.
B. Lee sólo las palabras en español.

❶ Escribe las palabras en español aquí.

_____

_____

_____

❷ ¿Cuál es la relación entre las palabras en español?

_____

_____

_____

❸ Vuelve a la palabra *persianas*. Ahora lee toda la frase para establecer el contexto de la palabra.

a. ¿Por dónde entra la luz en una habitación?

b. Sin saber el significado exacto de *persianas*, ¿podrías imaginar lo que significa? En el margen dibuja rápidamente tu imagen de *persianas*.

❹ *Cama* y *sueños* son palabras que se pueden asociar con *aposento*. El *aposento* es el *cuarto donde se duerme*. ¿Conoces otras palabras que sean sinónimos de *aposento*?

_____   _____

5 Probablemente es la primera vez que ves la palabra *moriviví*, pero al leer el contexto te enteras que un moriviví es _____ que se encuentra en las islas caribeñas.

6 ¿A qué refiere "*Estas son las mañanitas?*" _____

_____

C. Ahora, lee el poema estrofa por estrofa. En la primera estrofa, hay una yuxtaposición visual de lo anglosajón y de lo hispano.

1 Nota en el siguiente esquema los estereotipos que surgen.

lo anglosajón   lo hispano

2 ¿Qué piensas de estos estereotipos?

_____

_____

D. En la segunda estrofa, ¿cuál es la función de las listas de palabras paralelas en las dos lenguas?

_____

_____

E. En la segunda estrofa, ves tres nombres de mujeres: *Gladys, Rosario, Altagracia*. Aunque no sabes definitivamente quiénes son estas mujeres, puedes formar una teoría en cuanto a la identidad de ellas.

1 En tu opinión, ¿cuál es el rol de ellas?

a. Gladys _____

b. Rosario _____

c. Altagracia _____

2 ¿Nos importa exactamente quiénes son, o no? _____

F. Las estrofas cuatro y cinco describen la etapa de adquisición de la lengua española. Resume tres recuerdos que la poeta tiene de esta etapa.

1 _____

2 _____

3 _____

G. En las dos últimas estrofas del poema, la poeta describe la relación que ella tiene con el inglés y con el español. En tus propias palabras, describe esta relación.

❶ inglés _____

_____

❷ español _____

_____

H. ¿Qué importancia tiene el hecho de que las últimas palabras del poema están en español?

_____

_____

Después de leer

En grupos de tres o cuatro, exploren los temas siguientes:

A. ¿Han notado que hay muchas palabras y expresiones que son difíciles de traducir de una lengua a otra? Piensen en algunas que sepan y escriban una lista de ellas. Compártanlas con toda la clase.

_____ _____ _____

_____ _____ _____

_____ _____ _____

B. Un crítico ha dicho que Álvarez explora el ritmo y la relación entre las dos lenguas. Busquen ejemplos de estas ideas en el poema.

_____ _____

_____ _____

_____ _____

C. En una hoja aparte, preparen una lista de preguntas para entrevistar a una persona recién llegada o inmigrada a EEUU de un país hispano. Incluyan algunas preguntas sobre las dificultades de cambiar de cultura y de aprender otra lengua, las diferencias y las semejanzas entre EEUU y su país de origen, etc.

D. Si eres originalmente de otro país, contesta las preguntas de los otros.

Enlace opcional

Compara y contrasta la experiencia bilingüe que describe Álvarez con la de Pérez Firmat en "Yo: Yo" contrasta el bilingüismo de Álvarez con el de cualquier otra (persona) o figura literaria que hayas conocido.

Selección 3
Cuando era puertorriqueña
(introducción)

BIO: Esmeralda Santiago

ESMERALDA SANTIAGO *Escritora actual de ensayos, cuentos y ficciones, nació en Puerto Rico, pero se crió en Estados Unidos. Se graduó de Harvard University y obtuvo un MFA de Sarah Lawrence College. Con su esposo, dirige una compañía de producción de cine, Cantomedia, basada en Boston, Massachusetts.*

Antes de leer

En grupos de tres o cuatro personas, hablen de los temas siguientes:

A. ¿Conocen a una persona que haya nacido en otro país, pero que viva ahora en EEUU? ¿Conocen a una persona cuya lengua materna no sea inglés? ¿Cómo se llama la persona? ¿De dónde es?

❶ Sería muy interesante entrevistar a tal persona. ¿Qué preguntas le harían Uds.? (Si Uds. prepararon una lista semejante en **Después de leer** de ''Bilingual Sestina'', Actividad C en la página 16, refiéranse a aquella lista en vez de hacer una nueva.)

a. _____

b. _____

c. _____

d. _____

e. _____

❷ Si es posible, hagan una entrevista, en persona, por correo electrónico o por teléfono, y presenten a la clase un informe sobre la conversación.

B. En este país y en otros, parte de la vida moderna es llenar *formularios*, es decir, papeles que contienen preguntas que uno tiene que contestar para obtener algo.

❶ ¿Qué tipos de formularios han llenado Uds. recientemente? ___

_____

_____

❷ Generalmente, los formularios piden información parecida. Diseñen una solicitud de empleo en el espacio que sigue, pidiendo la información apropiada.

Solicitud de empleo

❸ ¿Han puesto en la solicitud ''la nacionalidad'' o ''el grupo étnico''? Si no, añádanlos. Santiago la comenta en lo que vamos a leer.

C. En español hay que usar palabras descriptivas con *reír* y *sonreír* para expresar de una manera más específica cómo se ríe o se sonríe. En cambio, en inglés hay varias palabras específicas que expresan diferentes maneras de reír o sonreír. Miren la lista que sigue y traten de expresar lo mismo en español, combinando *reír* y *sonreír* con palabras descriptivas.

Inglés	Español
to guffaw	reír a carcajadas
to chuckle	
to grin	
to smirk	
to cackle	

D. El *Boston Globe* describió *Cuando era puertorriqueña* como "una agridulce historia de una muchacha atrapada entre dos culturas". El *San Juan Star* comentó que es "una historia llena de ecos para todos aquellos que alguna vez en sus vidas hayan embarcado en un viaje transformador, espiritual afisicamente". Pensando en estas dos citas, escriban, en una hoja aparte, un párrafo de lo que probablemente trata el libro. Después, compartan su párrafo con los otros grupos para ver si han llegado a la misma conclusión.

E. Como introducción al primer capítulo, que se llama "Jíbara", Santiago emplea un dicho puertorriqueño que indica que a un puertorriqueño "nunca se le quita la mancha de plátano". Una *mancha* es una *marca que queda en una cosa*, por ejemplo, el vino tinto deja una mancha roja. En Puerto Rico, un *plátano* es un *tipo de banana que no es dulce*. Se usa extensivamente en la cocina puertorriqueña; muchas veces se fríe. Al nivel figurativo, ¿qué quiere decir este dicho? _____

_____

_____

_____

_____

Aunque sería muy interesante leer todo el libro *Cuando era puertorriqueña*, lo que tenemos a continuación es solamente la introducción para comprender como es nacer en Puerto Rico y criarse en los Estados Unidos, es decir, vivir entre dos culturas.

Ahora dirígete a las actividades que acompañan la lectura y úsalas para guiarte por la lectura paso a paso.

Lectura
Cuando era puertorriqueña
(introducción)

La vida relatada en este libro fue vivida en español, pero fue inicialmente escrita en inglés. Muchas veces, al escribir, me sorprendí al oírme hablar en español mientras mis dedos tecleaban la misma frase en inglés. Entonces se me trababa la lengua y perdía el
5   sentido de lo que estaba diciendo y escribiendo, como si el observar que estaba traduciendo de un idioma al otro me hiciera perder los dos.

Me gustaría decir que esta situación sólo ocurre cuando estoy escribiendo, pero la verdad es que muchas veces, al conversar con amigos

o familiares, me encuentro en el limbo entre español e inglés, que-
10   riendo decir algo que no me sale, envuelta en una tiniebla idiomática
frustrante. Para salir de ella, tengo que decidir en cuál idioma voy a
formular mis palabras y confiar en que ellas, ya sean en español o en
inglés, tendrán sentido y en que la persona con quien estoy hablando
me comprenderá.

15   El idioma que más hablo es el inglés. Yo vivo en los Estados Unidos,
rodeada de personas que sólo hablan en inglés, así que soy yo la que
tengo que hacerme entender. En mi función como madre me comunico
con maestros, médicos, chóferes de guaguas escolares, las madres de los
amiguitos de mis niños. Como esposa, me esfuerzo en hacerme enten-
20   der por mi marido, quien no habla español, sus familiares, sus amigos,
sus colegas de trabajo. Como profesional, mis ensayos, cuentos y ficciones son todos escritos en inglés para un público, ya sea latino o norteamericano, a quien es más cómodo leer en ese idioma.

Pero de noche, cuando estoy a punto de quedarme dormida, los
25   pensamientos que llenan mi mente son en español. Las canciones que
me susurran al sueño son en español. Mis sueños son una mezcla de
español e inglés que todos entienden, que expresa lo que quiero decir,
quién soy, lo que siento. En ese mundo oscuro, el idioma no importa.
Lo que importa es que tengo algo que decir y puedo hacerlo sin tener
30   que redactarlo para mis oyentes. Pero, claro, eso es en los sueños. La
vida diaria es otra cosa.

Cuando la editora Merloyd Lawrence me ofreció la oportunidad de
escribir mis memorias [en inglés], nunca me imaginé que el proceso me
haría confrontar no sólo a mi pasado monolingüístico, sino también mi
35   presente bilingüe. Al escribir las escenas de mi niñez, tuve que encontrar palabras norteamericanas para expresar una experiencia puertorriqueña. ¿Cómo, por ejemplo, se dice "cohitre" en inglés: ¿o "alcapu-
rrias"? ¿o "pitirre"? ¿Cómo puedo explicar lo que es un jíbaro? ¿Cuál
palabra norteamericana tiene el mismo sentido que nuestro puertorri-
40   queñismo, "cocotazo"? A veces encontraba una palabra en inglés que
se aproximaba a la hispana. Pero otras veces me tuve que conformar
con usar la palabra en español, y tuve que incluir un glosario en el libro
para aquellas personas que necesitaran más información de la que encontraban en el texto.

45   Cuando la editora Robin Desser me ofreció la oportunidad de traducir mis memorias al español para esta edición, nunca me imaginé
que el proceso me haría confrontar cuánto español se me había olvidado. En la edición norteamericana, las maneras en que ciertas personas expresan el placer tienen palabras específicas. Algunas personas
50   "smile," pero otras "grin," o "chuckle" o "guffaw." En español sonríen
o ríen de una manera u otra; pero no existe una palabra que exprese
su manera de hacerlo, y se necesita dos, tres o cuatro palabras descriptivas.

El proceso de traducir del inglés al español me forzó a aprender de
55   nuevo el idioma de mi niñez. Pero también me ha demostrado que el
idioma que ahora hablo, el cual yo pensaba que era el español, es real-
mente el espanglés, ese dialecto forjado del español y el inglés que toma
palabras en los dos idiomas, las añade a las expresiones familiares puertorriqueñas y cambia la manera en que se escriben hasta crear palabras
60   nuevas.

En mi casa, por ejemplo, lavamos el piso con un *mapo*, compramos *tique* pa'l cine, *nos damos de cuenta*, leemos *panfletos*, *damos el OK*, y *llamamos pa'atrás* cuando estamos muy *bisi* pa'hablar por teléfono.

65 Años atrás, si alguien me hubiese indicado los muchos espanglicismos en mi vocabulario, el bochorno me hubiese dejado muda. Hoy en día tengo que aceptar que este idioma inventado por necesidad es el que me permite expresarme a mi manera. Cuando escribo en inglés, tengo que traducir del español que guarda mis memorias. Cuando hablo en español, tengo que traducir del inglés que define mi presente. Y 70 cuando escribo en español, me encuentro en medio de tres idiomas, el español de mi infancia, el inglés de mi adultez, y el espanglés que cruza de un mundo al otro tal como cruzamos nosotros de nuestro barrio en Puerto Rico a las barriadas de Brooklyn.

El título de este libro está en el tiempo pasado: cuando era puer-75 torriqueña. No quiere decir que he dejado de serlo, sino que el libro describe esa etapa de mi vida definida por la cultura del campo puertorriqueño. Cuando ''brincamos el charco'' para llegar a los Estados Unidos, cambié. Dejé de ser, superficialmente, una jíbara puertorriqueña para convertirme en una híbrida entre un mundo y otro: una 80 puertorriqueña que vive en los Estados Unidos, habla inglés casi todo el día, se desenvuelve en la cultura norteamericana día y noche.

Aquí se me considera Latina o Hispana, con letras mayúsculas. No sé, en realidad, qué quiere decir ser eso. Me identifico así cuando me es necesario: cuando tengo que llenar formularios que no dan otra alternativa, o cuando tengo que apoyar a nuestros líderes en sus esfuerzos 85 para adelantar nuestra situación económica y social en los Estados Unidos. Pero sí sé lo que quiere decir, para mí, el ser puertorriqueña. Mi puertorriqueñidad incluye mi vida norteamericana, mi espanglés, el sofrito que sazona mi arroz con gandules, la salsa de tomate y la salsa del Gran Combo. Una cultura ha enriquecido a la otra, y ambas me han 90 enriquecido a mí.

Pero muchas veces siento el dolor de haber dejado a mi islita, mi gente, mi idioma. Y a veces ese dolor se convierte en rabia, en resentimiento, porque yo no seleccioné venir a los Estados Unidos. A mí me trajeron. Pero esa rabia infantil es la que alimenta a mis cuentos. La 95 que me hace enfrentar a una página vacía y llenarla de palabras que tratan de entender y explicarles a otros lo que es vivir en dos mundos, uno norteamericano y otro puertorriqueño. Es esa rabia la que se engancha a mi alma y guía mis dedos y enseña sus garras entre las sonrisas y las risas que en inglés son tan específicas y en español son dos palabras 100 que necesitan ayuda para expresar, a veces, no el placer, sino el dolor detrás de ellas. Sonrisa dolorida. Risa ahogada. Palabras entre dientes. Y es esa rabia la que me ha hecho posible el perdonar quién soy. Cuando niña yo quise ser una jíbara, y cuando adolescente quise ser norteamericana. Ya mujer, soy las dos cosas, una jíbara norteamericana, y 105 llevo mi mancha de plátano con orgullo y dignidad. ∎

A. En el primer párrafo, *teclear* quiere decir *escribir a máquina* y *trabársele a uno la lengua* es *tener dificultad para expresarse*. Lee este párrafo y describe en una frase la frustración que sentía la

escritora. _____

_____

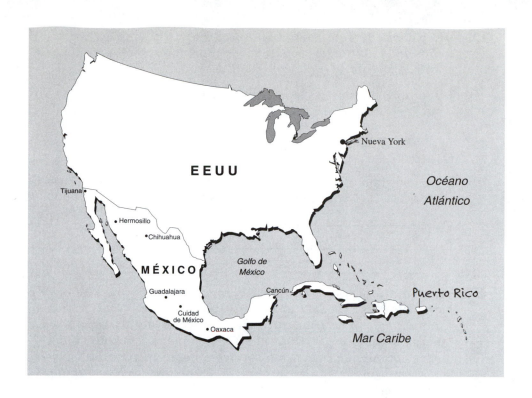

B. Lee el segundo párrafo. La escritora se encuentra ''en una tinie-bla'', es decir, está confundida.

❶ ¿Con qué frecuencia ocurre la situación que se describe en este párrafo? _____

_____

❷ ¿Cómo resuelve el problema Santiago? _____

_____

C. En el tercer párrafo, Santiago explica que en sus varios roles tiene que hablar inglés. Lee este párrafo. Te sirve bien saber que en Puerto Rico, los autobuses se llaman *guaguas*.

❶ Como madre, ¿con quién tiene que hablar en inglés? _____

_____

❷ ¿Por qué no habla ella español con su marido? _____

_____

❸ Aunque Santiago escribe tanto para los latinos en EEUU como los norteamericanos, ¿por qué escribe en inglés? _____

_____

D. Otra palabra para *susurrar* es *murmurar*. En el mundo oscuro de los sueños de la autora, las canciones le murmuran en español. Lee el párrafo siguiente.

❶ ¿Por qué no importa si el inglés y el español se mezclan en sus sueños? _____

_____

_____

❷ En la última oración de este párrafo, dice que ''la vida diaria es otra cosa''. ¿Crees que va a ser más fácil o difícil? ¿Por qué?

_____

_____

_____

E. En el quinto párrafo, vas a notar varias palabras que se usan en Puerto Rico; es probable que no se encuentren en un diccionario. Aunque *jíbaro* sí se encuentra en la mayoría de los diccionarios, tiene un sentido especial en Puerto Rico que tal vez no se note.* Puedes comprender el párrafo perfectamente bien sin saber estas palabras porque la autora nos las ofrece solamente como ejemplos de su dilema.

❶ Describe en una frase el dilema de la autora. _____

_____

❷ ¿Cómo resolvió el dilema en la edición inglesa? _____

_____

F. Además de este dilema, vamos a ver que hay otro: a Santiago se le había olvidado mucho español. Más aún, tenía que considerar las muchas diferencias entre los dos idiomas. Lee el sexto párrafo y explica cómo resolvió la autora la situación elaborada.

_____

_____

_____

G. Lee el séptimo párrafo. La edición española le presentó a la autora otro dilema.

❶ ¿Qué lengua tuvo que aprender ella? _____

_____

*El *Diccionario manual de americanismos* de Marcus Augusto Morínigo contiene notaciones de palabras regionales latinoamericanas; se encuentra en una biblioteca universitaria.

2 Se dio cuenta de que también habla hoy en día una tercera lengua que se llama "espanglés". ¿Cuáles son las dos lenguas que forman el "espanglés"? _____ y _____

3 Muchas veces existen en una lengua palabras adaptadas de otra lengua. Frecuentemente, se puede "oír" una palabra adaptada mejor que "leerla". Considera, por ejemplo, *mapo*. Tiene el sonido en español de *mapa* con *-o* en vez de la *-a* final. También tiene el sonido de la palabra inglesa, más una *-o* final. Lee en voz alta la frase del texto que contiene las palabras y frases en espanglés para comprenderlas mejor. Haz una lista de éstas y, al lado de cada una, escribe el inglés y el español estándar. (Sabes qué tipo de palabra es *estándar*, ¿no?)

Espanglés	Inglés	Español
_____	_____	_____
_____	_____	_____
_____	_____	_____
_____	_____	_____
_____	_____	_____

H. Es de suponer que años atrás, es decir, hace muchos años en Puerto Rico, la autora hablaba español perfectamente bien sin mezclarlo con ningún otro idioma. Lee el octavo párrafo. En este contexto, *bochorno* quiere decir *vergüenza*; la cantidad de espanglés que suele hablar le dio vergüenza a la autora y, figurativamente, la deja *muda*, es decir, *sin voz*.

1 ¿Por qué tiene que aceptar Santiago la situación? _____
_____

2 ¿Cuáles son las tres "partes" en que divide ella su experiencia?
_____
_____ y _____

3 Las dos palabras *barrio* y *barriada* quieren decir *vecindad*. ¿Qué analogía hace Santiago entre las lenguas que habla y las vecindades donde su familia ha vivido?
_____
_____
_____

> **analogía**—explicación de una situación o circunstancia comparándola con otra ya comprendida

J. En el noveno párrafo, Santiago explica que el título de su libro, *Cuando era puertorriqueña*, describe un período específico de su vida después de que su familia "brincó el charco". Un sinónimo para *brincar* es *saltar*; un *charco* es normalmente una *cantidad de agua* que se queda en la calle o en la acera después de llover. Recuerda que muchas veces hay un sentido figurativo también. Lee el párrafo. (Mira el mapa anterior y los números 2 y 3 que siguen antes de leerlo.)

❶ ¿Qué describe Santiago en el libro, su infancia en Puerto Rico, su niñez en EEUU o su vida actual?_____

❷ Sabiendo exactamente dónde está Nueva York y que Puerto Rico es una isla situada entre el Mar Caribe y el Océano Atlántico, ¿a qué cuerpo de agua crees que se refiere *el charco*?_____

❸ Santiago no nos dice exactamente cómo ''brincaron el charco''; ¿cuáles son las posibilidades?_____

❹ ¿Cómo cambió la autora después del cambio de residencia?

_____

_____

❺ En el quinto párrafo notamos la palabra *jíbaro* y dijimos que se puede comprender el párrafo sin saber el sentido de ésta y las otras palabras puertorriqueñas. Aquí en el noveno, se ve otra vez la palabra, pero es femenina, *una jíbara puertorriqueña*. En este contexto, ¿qué crees que quiere decir la palabra?

_____

J. El décimo párrafo trata de la identidad. Léelo oración por oración, pensando en estas ideas:

❶ Comienza con ''Aquí...'' ¿A qué lugar se refiere? _____

❷ Las letras *mayúsculas* se escriben A, B, C, etc.; las letras a, b, c, etc. son *minúsculas*. En español no se escriben los adjetivos de etnia con mayúsculas (*latina* o *hispana*). Al contrario, en inglés sí se tiene que usar mayúsculas; como escribe de su vida ''en inglés'', la autora emplea ''Latina'' e ''Hispana''. Lee dos oraciones más y explica por qué dice que no sabe qué quieren decir ''Latina'' e ''Hispana''.

_____

_____

_____

❸ ¿Qué adjetivo de nacionalidad prefiere Santiago? _____

¿Por qué? _____

_____

❹ El sufijo *-idad* añadido al adjetivo *puertorriqueño(a)* tiene como resultado un sustantivo que quiere decir *el estado de ser puertorriqueño(a)*. ¿Cómo explica Santiago su puertorriqueñidad?

_____

_____

_____

❺ ¿Reconoces el adjetivo *frito*, como, por ejemplo, *papas fritas*? El adjetivo *sofrito* se deriva del mismo verbo, *[so]freír* y quiere decir *freír ligeramente*, pero probablemente sabes mejor la palabra francesa, *sauté*. Así, el *arroz sofrito* es arroz que se ha frito ligeramente antes de añadir el líquido y los gandules, es decir, los frijoles puertorriqueños, y los demás ingredientes, como la salsa de tomate. Sabiendo que el *Gran Combo* puede también ser la *Gran Banda* u *Orquesta*, no vas a creer que *la salsa del Gran Combo* sea otro ingrediente para arroz con gandules. ¿Qué es?

_____

6 Según la última oración de este párrafo, ¿qué aspecto positivo resultó del cambio de residencia que hizo la autora en su niñez?

_____

_____

K. Leemos en el último párrafo que hoy en día Santiago todavía echa de menos Puerto Rico y su vida allí. Ella no vino a EEUU por su propia voluntad; de vez en cuando se enoja y se resiente por la decisión que tomaron sus padres hace muchos años.

1 ¿Hay algo positivo que ha salido del dolor, la rabia y el resentimiento que a veces siente?

_____

_____

2 *Engancharse* quiere decir muy gráficamente *capturar*, y las *garras* son *uñas muy largas*. Por la descripción que ofrece la autora, dirías que su rabia es débil o muy fuerte?

_____

_____

3 ¿Son alegres las sonrisas y las risas de la autora? ¿Por qué crees eso?

_____

_____

4 Las oraciones ''Sonrisa dolorida.'', ''Risa ahogada.'', y ''Palabras entre dientes.'' se refieren a otra parte de esta introducción. En el margen marca esa parte con un asterisco (*).

5 En la próxima oración dice que la rabia le permite perdonar quién es. ¿Qué hay que perdonar?

_____

_____

6 ¿Está contenta Santiago con la ''jíbara norteamericana'' que ha llegado a ser? ¿Cómo lo sabes?

_____

_____

_____

Después de leer

En grupos de tres o cuatro personas, consideren los siguientes temas:

A. En sus comentarios sobre la narrativa, el *Boston Globe* describió *Cuando era puertorriqueña* como "una agridulce historia...". Hagan una lista de los aspectos agrios y otra de los aspectos dulces que Santiago describió en la introducción que acaban de leer.

Aspectos agrios	Aspectos dulces

B. ¿Cómo se relacionan estos aspectos agrios y dulces con las tres últimas oraciones de la introducción?

_____

_____

_____

_____

C. En una hoja aparte, escriban uno o dos párrafos que resuma(n) lo que han notado en las Actividades A y B.

Enlaces opcionales

❶ ¿Has estado en un país extranjero? ¿Fuiste reconocido(a) como representante de tu patria, grupo étnico, etc.? ¿Te hicieron algún comentario? Si te mira una persona de otra cultura, figurativamente, ¿qué crees que esa persona vea cuando te mira? ¿Qué quieres que vea?

❷ ¿Vives en un área donde se habla una mezcla de lenguas? ¿Puedes dar algunos ejemplos de palabras o frases inventadas? Pregúntales a tus compañeros de clase si saben lo que quieren decir y de qué lenguas se derivan.

❸ Pensando en los mundos de que habla Santiago, compáralos y contrástalos con los mundos de que habla Rigoberta Menchú en *Me llamo Rigoberta Menchú y así me nació la conciencia*.

Selección 4
La casa en Mango street
(viñetas)

BIO: Sandra Cisneros (1954–   )

SANDRA CISNEROS *nació en Chicago y ahora vive en San Antonio, Texas. Escritora de poesía y ficción, ha recibido numerosos premios literarios.* La casa en Mango Street, *quizás autobiográfico, apareció primero en inglés. Es una serie de viñetas de la vida de una chica que vive entre dos culturas: una anglosajona y la otra chicana. Cisneros invitó a Elena Poniatowska a traducir su primer libro al español.*

BIO: Elena Poniatowska (1933–   )

ELENA PONIATOWSKA *nació en París y vive ahora en México, D.F. Es novelista, ensayista, periodista y traductora. Entre muchos otros premios, recibió el Premio Nacional de Periodismo de México; fue la primera mujer en ganarlo. Según Cisneros, Poniatowska hizo la traducción de* The House on Mango Street *al español como "un favor, un regalo, una labor de amor".*

Antes de leer

En grupos de tres o cuatro, hablen de los temas siguientes:

A. Muchas veces los nombres significan algo. Por ejemplo, *Pedro* significa *piedra* y *Guillermo* significa *guerrero*. ¿Saben Uds. lo que significan sus nombres? Díganselo a sus compañeros.

B. En muchas familias hay nombres que se pasan de generación en generación.

❶ ¿Tienen Uds. parientes o familiares con el mismo nombre?
□ Sí □ No

el nombre: _____

❷ ¿A cuántos les gusta el nombre que los padres les han puesto?

_____

¿A cuántos no? _____

❸ ¿Preferirían Uds. otros nombres, por ejemplo, más éxoticos o más notables? ¿Cuáles?

_____

_____

_____

C. Asociamos ciertas características con cierto animales. Por ejemplo, asociamos el concepto de tener buena memoria con el elefante.

❶ ¿Qué características asocian Uds. con los siguientes animales?

a. la tortuga _____

b. el conejo _____

c. el caballo _____

d. el águila _____

❷ En China se denota cada año con un animal; en total hay doce.

a. ¿Saben Uds. algunos de éstos? Llenen la tabla que sigue con los años y las características que les pertenecen a Uds. Des-

pués, compartan esta información con los otros grupos.
¿Cuántas personas de cada "animal" hay en su clase?

Persona	Año	Animal	Característica principal (del animal)
Pedro	1973	el buey	es muy fuerte

b. Comparen la característica del animal con la persona que nació bajo su signo. ¿Tiene la persona esa característica?

c. Después de comparar todas las personas en la lista con las características de los animales, decidan si el horóscopo chino es válido o no.
☐ Sí, es válido.   ☐ No es válido.

Ahora dirígete las actividades que acompañan la viñeta y úsalas para guiarte por la lectura paso a paso

la rata ('36, '48, '60, '72, '84, '96), el buey ('37, '49, '61, '73, '85), el tigre ('38, '50, '62, '74, '86, '98), el conejo ('39, '51, '63, '75, '87, '99), el dragón ('40, '52, '64, '76, '88), la serpiente ('41, '53, '65, '77, '89), el caballo ('42, '54, '66, '78, '90), la cabra ('43, '55, '67, '79, '91), el mono ('44, '56, '68, '80, '92), el gallo ('45, '57, '69, '81, '93), el perro ('46, '58, '70, '82, '94), y el cerdo ('47, '59, '71, '83, '95).

Lectura
Mi nombre

"...cuando llegamos a Mango Street éramos seis: Mamá, Papá, Carlos, Kiki, mi hermana Nenny y yo [Esperanza]."

En inglés mi nombre quiere decir esperanza. En español tiene demasiadas letras. Quiere decir tristeza, decir espera. Es como el número nueve, como un color lodoso. Es los discos mexicanos que toca mi padre los domingos en la mañana cuando se rasura, 5 canciones como sollozos.

Era el nombre de mi bisabuela y ahora es mío. Una mujer caballo nacida como yo en el año chino del caballo—que se supone es de mala suerte si naces mujer—pero creo que esa es una mentira china porque a los chinos, como a los mexicanos, no les gusta que sus mujeres sean 10 fuertes.

Mi bisabuela. Me habría gustado conocerla, un caballo salvaje de mujer, tan salvaje que no se casó sino hasta que mi bisabuelo la echó de cabeza a un costal y así lo hizo.

Dice la historia que ella jamás lo perdonó. Toda su vida miró por la 15 ventana hacia afuera, del mismo modo en que muchas mujeres apoyan su tristeza en su codo. Yo me pregunto si estaba arrepentida porque no fue todas las cosas que quiso ser. Esperanza. Heredé su nombre, pero no quiero heredar su lugar junto a la ventana.

En la escuela pronuncian raro mi nombre, como si las sílabas es- 20 tuvieran hechas de hojalata y lastimaran el techo de la boca. Pero en español mi nombre está hecho de algo más suave, como la plata, no tan grueso como el de mi hermanita—Magdalena—que es más feo que el mío. Magdalena, que por lo menos puede llegar a casa y hacerse Nenny. Pero yo siempre soy Esperanza.

25 Me gustaría bautizarme yo misma con un nombre nuevo, un nombre más parecido a mí, a la de a de veras, a la que nadie ve. Esperanza como Lisandra o Maritza o Zezé la X. Sí, algo así como Zezé la X estaría bien. ■

A. Aunque la narradora de *La casa en Mango Street* vive en Chicago, sus antepasados son originalmente de México y la lengua materna de sus padres es español. Lee el primer párrafo en el cual la narradora habla de su nombre.

❶ *Esperanza* se deriva del verbo *esperar* en su sentido de *tener expectaciones* o *confiarse en algo o en alguien*. Escribe tres quejas que la narradora tiene de su nombre:

a. _____

b. _____

c. _____

❷ El padre de Esperanza escucha música en el baño mientras se afeita.

    a. ¿Qué música escucha? _____

    b. ¿Es alegre o triste? _____

    c. ¿Qué tiene que ver esta música con el nombre de la narradora?

    _____

    _____

B. Los tres párrafos próximos tienen que ver con la bisabuela de Esperanza, que la narradora describe como "una mujer caballo". *Caballo*, como se usa aquí, significa que la bisabuela era *muy fuerte*.

❶ Esperanza y su bisabuela comparten el mismo nombre; ¿qué más tienen las dos en común?

_____

❷ Según la narradora, describe la preferencia de los chinos y los mexicanos con respecto a las mujeres.

_____

_____

_____

❸ Un *animal salvaje* es un *animal no domesticado*.
    a. Sabiendo esto, ¿qué imagen tienes de la bisabuela?

    _____

    b. Un *costal* es un *saco* o una *bolsa*. ¿Cómo convenció el bisabuelo a su novia para que se casara?

    _____

    _____

❹ ¿Cómo sabemos que la bisabuela nunca estaba muy contenta?

_____

_____

❺ ¿Qué esperanza tiene Esperanza en cuanto a su herencia?

_____

_____

C. *Hojalata* es el *metal de que se hacen las latas*. Algunas veces un nombre que suena muy dulce en una lengua no cae tan melodiosamente de los labios en otra lengua.

❶ ¿Cómo suena el nombre de la narradora cuando está malpronunciado en inglés?

_____

¿y cuando se pronuncia en español?

_____

❷ Magdalena tiene el apodo ''Nenny''. ¿Tiene la narradora apodo?

_____

D. En la iglesia católica se le pone el nombre a un bebé al bautizarlo durante los primeros días de la vida. ¿Qué tipo de nombre preferiría Esperanza?

_____

_____

Antes de leer

A. En grupos de tres o cuatro, hablen de los temas siguientes:
   ❶ ¿Qué habilidades e intereses tienen sus padres?

	Habilidades e intereses
Mi madre	
Mi padre	

   ❷ ¿Qué le hubiera gustado hacer a alguno de sus padres que no ha hecho?

_____

_____

   ❸ ¿Hay algo que a Uds. les gustaría hacer si tuvieran la audacia de hacerlo?

_____

_____

B. Piensen Uds. en sus propios padres. ¿Qué consejos les hacen a Uds.?
   ❶ Cada persona del grupo tiene que escribir en un papelito el consejo más importante o más raro que le han dado sus padres.
   ❷ Cada persona les leerá su consejo a los otros.
   ❸ El grupo elegirá el mejor consejo.
   ❹ La clase escuchará el mejor consejo de cada grupo.

Ahora dirígete a las actividades que acompañan la lectura y úsalas para guiarte por la lectura paso a paso.

Bien águila*

Yo pude haber sido alguien, ¿sabes?, dice mi madre y suspira. Toda su vida ha vivido en esta ciudad. Sabe dos idiomas. Puede cantar una ópera. Sabe reparar la tele. Pero no sabe qué metro tomar para ir al centro. La tomo muy fuerte de la mano mientras es-
5 peramos a que llegue el tren.

Cuando tenía tiempo dibujaba. Ahora dibuja con hilo y aguja pe- queños botones de rosa, tulipanes de hilo de seda. Algún día le gustaría ir al ballet. Algún día también, ver una obra de teatro. Pide discos de ópera en la biblioteca pública y canta con pulmones aterciopelados y
10 poderosos como glorias azules.

Hoy, mientras cuece la avena, es Madame Butterfly hasta que sus- pira y me señala con la cuchara de palo. Yo pude haber sido alguien, ¿sabes? Ve a la escuela, Esperanza. Estudia macizo. Esa Madame But- terfly era una tonta. Menea la avena. Fíjate en mis comadres. Se refiere
15 a Izaura, cuyo marido se largó, y a Yolanda, cuyo marido está muerto. Tienes que cuidarte solita, dice moviendo la cabeza.

Y luego, nada más porque sí:

La vergüenza es mala cosa, ¿sabes? No te deja levantarte. ¿Sabes por qué dejé la escuela? Porque no tenía ropa bonita. Ropa no pero
20 cerebro sí.

¡Ufa!, dice disgustada, meneando de nuevo. Yo entonces era bien águila.

A. Lee el primer párrafo.

❶ ¿De quién habla la narradora? _____

❷ ¿Qué puede hacer esta persona?

_____

_____

❸ Dice que sabe dos idiomas. ¿Cuáles son probablemente?

_____

❹ Si ha pasado toda la vida en la misma ciudad, ¿por qué no sabe qué metro tomar?

_____

---

*Una expresión que denota una persona de mucha agudeza y sagacidad.

B. Lee el segundo párrafo. Parece que la protagonista de esta viñeta tiene otras habilidades e intereses.

❶ Normalmente, ¿con qué dibuja una persona? _____

❷ *Dibujar con hilo y aguja* es *coser, bordar*, etc. Adorna la ropa con pequeñas flores: rosas y tulipanes.

❸ Sigue leyendo las próximas líneas. El adjetivo *aterciopelados* contiene el sustantivo *terciopelo* que es una *tela cubierta de pelos cortos y finos*; se usa muchas veces para hacer la ropa muy elegante. *Glorias* son flores que se abren por la mañana. Describe, en tus propias palabras, la voz de la madre.

_____

_____

C. Mientras cuece (del verbo *cocer* que significa *cocinar*) la avena (*un cereal cocida*), la madre canta un aria de la ópera *Madame Butterfly*. *Macizo* aquí quiere decir *mucho*. *Menear* es la acción de *agitar* o *batir* el cereal.

❶ La madre considera su propia vida; después, suspira y ofrece tres sugerencias a la hija para la suya. Nótalas.

   a. _____

   b. _____

   c. _____

❷ *Largarse* quiere decir *irse* o *marcharse*. ¿Qué calamidades han tocado a las amigas de la madre?

   a. a Izaura _____

   b. a Yolanda _____

   c. ¿Qué moraleja (lección) debe sacar la hija de las calamidades de Izaura y Yolanda?

_____

_____

❸ *Nada más porque sí* quiere decir *sin ninguna razón especial*.

D. Lee las demás líneas. *Vergüenza* es *poca estimación, timidez* o *modestia*.

❶ ¿Cuál era la situación social de la madre cuando era joven?

_____

❷ Una persona que tiene cerebro es _____

❸ ¿Qué pájaro representa muchas veces una persona que ''tiene cerebro''?

_____

Después de leer

En grupos de tres o cuatro personas, consideren lo siguiente:

A. En sus viñetas Cisneros nos da una idea de cómo son algunos de sus parientes. Primero, noten en el siguiente esquema las características de la bisabuela y de la madre, pensando no sólo en las que menciona la autora, sino en términos de los animales cuyas características poseían.

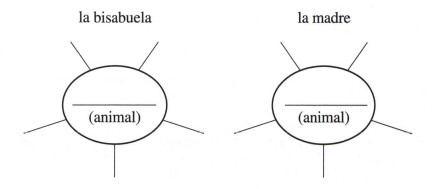

la bisabuela

(animal)

la madre

(animal)

Ahora que han organizado las características, escriban una descripción completa de la bisabuela y otra de la madre.

la bisabuela _____

_____

_____

_____

la madre _____

_____

_____

_____

B. Primero, contesta las preguntas que están a continuación. Después, en una hoja aparte, escribe una composición de dos a tres párrafos combinando estas ideas sobre tus preferencias.

❶ Si tuvieras que describirte en términos de un animal, ¿qué animal serías? _____

❷ ¿Qué características compartes con este animal?

_____

_____

❸ Si pudieras ser un animal diferente, ¿cuál serías? _____

¿Cuáles son las características de este animal que te gustaría compartir o poseer?

_____

_____

C. Cambia tu composición con un(a) compañero(a) de clase.

❶ Después de leer la composición de tu compañero(a), pon un asterisco (*) en una parte donde te gustaría saber más. En el margen, nota exactamente lo que te gustaría saber.

❷ Si hay una parte que no está clara, pon signos de interrogación (¿?) cerca de ella.

❸ Al final, escribe una reacción personal.

❹ Devuelve la composición a su autor(a).

D. En tu propia composición, lee los comentarios y haz los cambios necesarios.

E. Escribe la versión final para entregar a tu profesor(a).

Enlaces opcionales

❶ ¿Quién escribió el poema *Nobody Knows My Name* que se encuentra abajo? Si no sabes, echa un vistazo a la lista de autores de esta unidad. Escribe un poema semejante con tu propio nombre.

❷ En el poema *Nobody Knows My Name*, se ve un juego con la importancia del nombre y la identidad de la persona. Después de leer la selección de *La casa en Mango Street*, discute con tus compañeros la idea del nombre y la identidad en ambas selecciones.

❸ En las selecciones de las adivinanzas y trabalenguas de la literatura infantil, hay muchos animales. En las selecciones de esta selección también mencionamos animales, pero dentro de un contexto distinto. Contrasta la presencia de animales dentro de la selección de literatura infantil con cualquier otra de literatura para adultos.

> *Nobody Knows My Name*
>
> *I'm tired*
> *dead anonymous tired*
> *of getting mail addressed*
> *to all those people I never was:*
>
> | | |
> |---|---|
> | *Gustazo* | *Peres* |
> | *Gustavio* | *Penley* |
> | *Gary* | *Porris* |
> | *Gus* | *Perry* |
> | *Gustaf* | *Pirey.* |
>
> *Nobody here knows my name.*
> *This would never have happened in Havana.*

Selección 5
La güera (fragmento)

BIO: Cherríe (Xeri) Moraga

CHERRÍE MORAGA *nació en California. Es poeta, dramaturga y editora. Actualmente enseña clases de producción literaria en el programa de estudios chicanos en la Universidad de California en Berkeley. Es la editora de la colección de cuentos, poesía y ensayos titulada* **Esta puente mi espalda/This Bridge Called My Back**, *de donde viene este ensayo.*

Antes de leer

A. ¿Cuánto sabe de la vida de tu madre o de tu padre? ¿Te ha contado de su niñez, de su juventud? Haz un esquema de la vida de uno de tus padres, poniendo en orden cronológico los acontecimientos más importantes.

Ejemplo: la vida de mi padre

nació en 1956   1962 se mudó a Texas   1980 se casó con mi madre (etc.)
                          con su madre

          1959 sus padres se divorciaron   1978 se graduó de la universidad

mi _____ que se llama _____ :

nació en 19_ _

B. Haz un esquema de tu propia vida incluyendo los acontecimientos más importantes.

nací en 19_ _

C. ¿Entiendes lo que quiere decir el refrán "De tal palo, tal astilla"? Un *palo* es un *trozo de madera* (más o menos cilídrico) mientras que una *astilla* es un *fragmento del palo que se parte o se rompe* del trozo. Es típico usar esta frase para comparar una hija o un hijo con uno de sus padres.

Tenemos varios refranes en inglés para expresar la misma idea. Menciona uno de ellos aquí.

Ahora dirígete a las actividades que acompañan la lectura y úsalas para guiarte por la lectura paso a paso.

Soy hija, educada, de una mujer que para las normas de este país puede ser considerada analfabeta. Mi madre nació en Santa Paula, California del Sur, en una época en que la mayor parte del valle central era tierra agrícola. Cerca de treinta y cinco años
5 después, en 1948, ella era la única de seis hermanos que se había casado con un anglo, mi padre.

   Recuerdo las historias de mi madre, probablemente mejor de lo que ella se imagina. Es una brillante narradora de cuentos, capaz de recordar todos los acontecimientos de su vida con la nitidez del presente,
10 señalando incluso detalles como el color o el corte de un vestido. Recuerdo las historias de cuando fue sacada de la escuela a los cinco, nueve, y once años de edad, para trabajar en los campos junto con sus hermanos; historias de su padre, bebiéndose las pequeñas ganancias que mi madre era capaz de ganar para ayudar a la familia; la recuerdo
15 tomando el camino más largo para evitar encontrarse con él en la calle cuando se dirigía, tambaleándose, hacia el mismo destino. Recuerdo historias de mi madre mintiendo acerca de su edad para poder conseguir trabajo como obrera en la industria sombrerera, en Agua Caliente Racetrack, en Tijuana. A los catorce años ella era el sostén principal de la
20 familia. La puedo ver caminando sola a las 3 de la mañana, únicamente para entregar su salario y propinas a su madre, nuevamente embarazada.

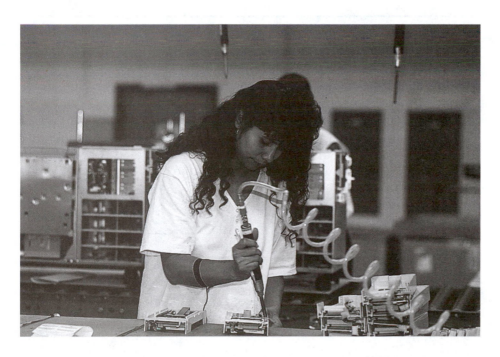

Las historias continúan a través de los años: fábricas prensadoras de nueces, la fábrica Voit Rubber, y luego el *boom* de las computadoras.
25 Recuerdo a mi madre trabajando como maquiladora para las plantas electrónicas de nuestro vecindario: Entrada ya la tarde, ella se sentaría frente al televisor envolviendo alambres de cobre en la parte trasera de tablas de circuito, y hablando de ''mantenerse al día como las muchachas jóvenes''. Para entonces, estaba en la mitad de sus años
30 cincuentas.

Mientras tanto, yo estaba iniciando mis estudios universitarios. Después de clases iba con mi madre a llenar sus solicitudes de trabajo o a hacer sus cheques del supermercado. Nosotras preparábamos previamente el escenario. Mi madre firmaba el cheque antes de que llegára-
35 mos a la tienda. Luego, cuando nos acercábamos a la caja, ella diría ''Ay cariño, adelántate y haz el cheque'', como si no pudiera molestarse con un detalle tan insignificante. Nadie hacía preguntas.

Yo recibí una educación y siento por ello orgullo y satisfacción; puedo llevar la cabeza erguida con el conocimiento, recibido de mi
40 madre, de que mi vida sería más fácil que la suya. Yo fui educada; pero, más que eso, yo era ''la güera''—la de piel clara. Nacida con las facciones de mi madre chicana, pero con la piel de mi padre anglo, la vida sería más fácil para mí. ∎

A. Lee los cinco párrafos del ensayo sin buscar en un diccionario el vocabulario que no sabes.

B. En grupos, en orden cronológico, hagan un esquema de la vida de la madre de Cherríe Moraga.

nació en 19_ _

C. Si es posible, pongan algunos de los esquemas en transparencias, carteles o en la pizarra para mostrar a toda la clase.

❶ Todos los grupos deben mirar un esquema y compararlo con los otros.

❷ ¿Tienen todos los mismos acontecimientos?

❸ Si a un esquema le falta algún acontecimiento que está incluido en los otros, mencionen por qué no fue incluído. ¿Es porque no fue importante o porque no se entendió?

D. ¿Cómo se aplica el refrán ''De tal palo, tal astilla'' a la vida de Cherríe Moraga y de su madre?

_____

_____

_____

❶ Según la autora de este ensayo, ¿cuál es la diferencia más grande entre ella y su madre? Repasen este fragmento del ensayo una vez más para buscar ideas que apoyen la diferencia que eligieron. ¡No se olviden de leer el título!

_____

_____

_____

❷ Comenten las otras diferencias entre la vida de la madre y la de la hija. ¿Cómo la afectarán estas diferencias a la vida de la autora?

_____

_____

_____

E. A solas, después de haber hablado del ensayo con los otros miembros de la clase, busca en el texto las palabras de la columna de la izquierda. Después de verlas en su contexto, busca su definición en la columna de la derecha.

_____ 1. analfabeta

_____ 2. nitidez

_____ 3. propina

_____ 4. maquiladora

_____ 5. mantenerse al día

_____ 6. solicitud de trabajo

_____ 7. erguida

_____ 8. güera

_____ 9. facciones

a. rubia; de piel clara

b. una persona que trabaja en una fábrica

c. saber de lo último que pasa

d. llevar la cabeza y el cuello con un aire digno

e. rasgos del rostro humano: los ojos, la nariz, la boca, etc.

f. petición para un empleo

g. una persona que no sabe ni leer ni escribir

h. dinero extra que se da por un servicio

i. claridad

Después de leer

A. En grupos de tres o cuatro, hagan una lista de los aspectos en que la vida de Cherríe Moraga será diferente de la de su madre.

_____

_____

Answers: 1. g 2. i 3. h 4. b 5. c 6. f 7. d 8. a 9. e

_____

_____

_____

B. En grupos, piensen en la historia de sus propias familias. ¿Cómo se aprende la historia familiar? Mencionen algunas de las maneras en que pasamos la historia de generación en generación.

_____

_____

_____

C. En una hoja aparte, escribe una composición que compara la vida de tu madre o de tu padre con tu vida, usando los esquemas que hiciste en **Antes de leer**.

❶ La tesis de tu composición debe comprobar o negar el refrán ''De tal palo, tal astilla''.

❷ Tu composición debe seguir esta estructura: (a) la primera frase: En el caso de mi madre (o de mi padre) y el mío, (no) se aplica el refrán ''De tal palo, tal astilla''; (b) una comparación de las dos vidas usando el pretérito y el imperfecto; y (c) una conclusión que repite si la comparación comprueba o niega el refrán.

Ejemplo: Tanto en mi caso, como en el caso de mi madre se aplica el refrán ''De tal palo tal astilla'' por muchas razones. Primero, yo nací cerca de Pittsburgh, y mi madre también...

❸ Después de escribir tu composición, la tienes que corregir.

a. Mira a ver si usaste la estructura indicada en el número 2. ¿Incluiste las tres partes?

b. Subraya todos los verbos en el pretérito y en el imperfecto. Comprueba que los verbos que describen tu vida estén en primera persona y que los que describen la vida de tu madre estén en tercera persona.

❹ Cambia tu composición por la composición de otra persona.

a. Lee la composición para averiguar si sigue la estructura sugerida.

b. Mira todos los verbos subrayados.

(1) Primero mira la persona del verbo. Cuando el autor o la autora de la composición describe su vida, debe ser en primera persona, o la forma *yo*; cuando describe la vida de su padre o su madre, debe ser en tercera persona, o la forma *él* o *ella*.

(2) Después, mira a ver si el pretérito describe acontecimientos que pasaron en un momento definido y si el imperfecto describe actividades que se repetían o pasaban durante un período de tiempo indefinido.

Enlaces opcionales

❶ Relaciona los versos que hablan de las rubias y las morenas en *Bilingual Sestina* de Álvarez con la experiencia que relata *La güera*.

❷ Compara y contrasta la historia de la vida de la madre en *La güera* con la de Gloria Fuertes en *Nota biográfica*.

Selección 6
Chicoria*

> **BIO: José Griego y Maestas (1949–   )**
>
> JOSÉ GRIEGO Y MAESTAS *es especialista en el campo de la educación bilingue y dirige el programa bílingüe del estado de Nuevo México.*
>
> **BIO: Rudolfo A. Anaya (1937–   )**
>
> RUDOLFO ANAYA *es escritor, conocido por sus obras* **Bless me, Última** *(1972),* **Heart of Aztlán (1976)** *y* **Tortuga (1979),** *y sus numerosos cuentos sobre temas hispanos en el estado de Nuevo México.*

Antes de leer

A. En grupos de tres o cuatro personas, exploren los temas siguientes:

Mientras algunos escritores escriben de sus propias experiencias, otros se dedican a recontar no sus propias historias, sino las de gente que vivía en los Estados Unidos antes de la llegada de los europeos. Lo que sigue es un ejemplo de esta dedicación a escribir y publicar las historias para no perderlas.

Chicoria aparece en una colección de cuentos recopilados de cuentistas hispanos, ya desconocidos, del suroeste de lo que hoy es EEUU. Los cuentos suelen conservar regionalismos, arcaismos y otros giros que ya se han desaparecido. José Griego y Maestas y Rudolfo A. Anaya son los editores de esta edición que se publicó en 1980.

❶ ¿En qué piensan Uds. al pensar en el estado de Nuevo México? ¿los desiertos? ¿la bomba atómica? ¿qué más? Escriban por lo menos diez asociaciones.

a. _____   f. _____

b. _____   g. _____

c. _____   h. _____

d. _____   i. _____

e. _____   j. _____

❷ ¿Qué saben de la vida del rancho? ¿Han estado en un rancho alguna vez? Pensando en la televisión y en las películas, ¿qué imagen tienen Uds. de la vida ranchera actual y de los ranchos de otras épocas? Con dos miembros de la clase que hagan de ''escribanos'' (uno en la pizarra y el otro con una hoja de papel), hagan lo siguiente:

a. La clase menciona cualquier idea que se le venga a la mente sobre ''una hacienda o un rancho''; los escribanos apuntan las ideas.

b. Guarden la hoja de papel que tiene la lista porque van a volver a discutirla después de leer el cuento.

❸ En los ranchos y en las haciendas tradicionales, hay dos grupos socioeconómicos distintos. Un grupo consiste en las personas que poseen las haciendas o los ranchos: los dueños. El otro consiste en los que trabajan en la hacienda o el rancho: los criados dentro de la casa y los obreros (o trabajadores) fuera de la casa.

Los dos grupos tienen características distintas. Exploren el concepto de capas socioeconómicas, o sea, las clases, por medio de características opuestas.

Dueño	Criado/Obrero/Trabajador
mandar	*servir*

B. el desarrollo de Nuevo México.

❶ Lean estos hechos históricos sobre Nuevo México:

- Los indígenas de la tribu anasazi, los antepasados de los indígenas que se llamaban ''pueblo'', dejaron las ruinas de sus casas de múltiples pisos en el norte de lo que hoy es Nuevo México.
- 1540–1542 Francisco Vásquez de Coronado exploró a Nuevo México.
- 1598 Juan de Oñate fundó la primera colonia española y la llamó San Juan.
- 1609 ó 1610 Se fundó Santa Fe.
- 1680 Los indígenas se rebelaron y echaron a los españoles del norte de Nuevo México.
- 1821 México ganó su independencia de España y Nuevo México pasó a ser una provincia de México.
- 1848 Después de la guerra entre México y EEUU, México cedió Nuevo México a EEUU.
- 1912 Nuevo México se convirtió en el estado cuarenta y siete de EEUU.

❷ Escriban sus propias conclusiones sobre el desarrollo de Nuevo México.

Ejemplo: Es lógico que tanta gente de Nuevo México hable español por haber sido territorio de España y de México durante tantos años.

a. _____

_____

b. _____

_____

c. _____

_____

d. _____

_____

C. La tortilla era la base de la comida mexicana aun antes de la llegada de los españoles.

❶ Una tortilla se puede rellenar con carne, pollo o verduras, y se come a mano. Si se te cae un poco del relleno de la tortilla, la tortilla misma funciona de cuchara.

❷ La próxima vez que vayas a un restaurante mexicano, no te olvides de la historia y la etiqueta de la tortilla.

D. Muchas de las palabras con ''x'' son las que entraron en el español de las lenguas indígenas. En general estos términos son de topónimos (nombres de lugar), por ejemplo, México, Oaxaca, Mexicali. En el idioma de la época de la colonización, estas palabras con ''x'' se escribieron algunas veces con ''j''.

❶ Echen un vistazo al cuento y subrayen las palabras en que aparece esta variación ortográfica.

❷ ¿Qué conclusiones pueden sacar sobre las variaciones ortográficas que encontraron? ¿Cómo pueden explicarlas?

Ahora dirígete a las actividades que acompañan la lectura y úsalas para guiarte por la lectura paso a paso.

Lectura
Chicoria

Había en California muchos rancheros. Estaban yéndose muchos hombres de Nuevo México a trabajar en esos ranchos. Un día uno de los hacendados les dijo a los nuevomejicanos:

"¿Qué no hay poetas para su país?"

5 "Hay muchos," le contestaron. "Está el viejo Vilmas, está Chicoria, está Cinfuegos, está la Cebolletanas y está el Negrito Poeta."

"Pues, cuando se vayan y vuelvan traigan un poeta para echárselo a Gracia, porque aquí en este país no hay quien le dé competencia." Al fin de la temporada regresaron los nuevomejicanos a su país y cuando

10 volvieron a California llevaron al poeta Chicoria. Cuando supo el dueño de la casa que habían traído a Chicoria de Nuevo México, despachó a un criado para invitar a un hacendado vecino para ver al poeta Chicoria. Vino el compadre y se pusieron las cocineras a hacer la cena para el hacendado y su compadre. Cuando empezaron a meter comidas a un

15 cuarto, le dijo Chicoria a un criado de la casa:

"¡Oh, nos van a dar buena cena, amigo!"

"No, amigo, esa cena es para ellos. Nosotros no cenamos en la mesa del patrón. No nos permite. Nosotros cenamos aquí en la cocina."

"Pues te apuesto que yo sí ceno con ellos."

20 "Si pides, sí, pero si no le pides, no te llama."

"Si les pido, pierdo," dijo el nuevomexicano. "El, voluntariamente, tiene que llamarme."

Apostaron veinte pesos, y le dijeron a la criada de la mesa que reportara si el nuevomexicano le pedía al hombre de cenar. La criada llevó

25 a Chicoria para el cuarto donde estaban cenando. Entonces Chicoria les dio las buenas tardes y el hacendado ordenó que le pusieran una silleta al nuevomexicano. La criada le puso una silleta atrincada a la pared y él se sentó. Los ricos empezaron a cenar sin convidar a Chicoria, como le habían dicho los criados. Entonces el dueño de la casa le dice:

30 "Nuevomexicano, ¿Cómo es el país donde tú vives?"

"En Nuevo México todas las familias usan una cucharita para cada bocadito cuando toman su comida."

Aquellos se admiraron que para cada bocado había cucharita. Chicoria no les dijo que la cucharita era la tortilla.

35 "Pero además de esto," les dijo, "las chivas no son como estas de aquí."

"¿Por qué?"

"Por que estas de aquí paren de a dos chivitos y aquellas de allá paren de a tres."

40 "Cosa curiosa," le dijo el de la casa "¿Y cómo hacen esas cabras para darle de mamar a los tres chivitos?"

"Pues bien, así como ustedes ahora, mientras dos maman, uno mira."

50 •••

45   El hombre entendió de una vez lo que aquel le refería y le dijo:
      "Arrímate, nuevomexicano."
          Se arrimó y cenó con ellos. Después de la cena se puso él a la can-
      tada y cuando acabó, colectó su apuesta. ■

A. Da un vistazo a las primeras diez líneas del cuento.

❶ ¿Dónde ocurre la acción? _____

❷ Fíjense en las palabras *rancheros* y *hacendados*; *ranchero* y *hacendado* son sinónimos: denotan una *persona que posee una hacienda o un rancho.*

❸ Un *nuevomexicano* es una *persona de Nuevo México.* Después de haber leído los hechos históricos de Nuevo México, ¿puedes explicar por qué se refiere a Nuevo México como a un "país"?

_____

_____

❹ ¿De dónde es el poeta Chicoria? _____

B. Lee las próximas diez líneas.

❶ ¿Qué propuesta hizo uno de los hacendados en cuanto a los poetas?

_____

❷ ¿Cómo sabemos que los nuevomexicanos estaban de acuerdo con esta propuesta?

_____

_____

❸ *Compadre* es otra manera de decir *compañero* o *amigo.* Nota dos preparativos que hizo uno de los hacendados para la ocasión.

   a. _____

   b. _____

C. Lee el intercambio entre el criado y Chicoria (líneas 16–22).

❶ ¿Para quién(es) fue preparada la cena?

_____

❷ Una *apuesta* es un *acuerdo* entre dos o más personas, en el cual la persona que gana recibe de las demás una cantidad de dinero u otra cosa. *Apostar* es el verbo. Echa un vistazo al resto del cuento y subraya la palabra *apuesta* y las otras formas de la palabra.

❸ Vuelve a la conversación entre el criado y Chicoria; léela con cuidado y lee también la primera oración del párrafo siguiente para ver más detalles de la apuesta. En tus propias palabras, escribe las condiciones de la apuesta entre el criado y Chicoria.

a. _____

b. _____

c. (la cantidad de dinero) _____

d. (la verificación) _____

_____

D. Lee el resto del párrafo para ver cómo comenzó la cena.

❶ Fíjate en la palabra *silleta*; -*eta* es un sufijo que denota que el objeto, en este caso *la silla*, es pequeño.

a. Subraya la palabra *atrincada*. Lee toda la frase. Vuelve a leer todo el párrafo donde se encuentra. ¿Comprendes la palabra sin buscarla en el diccionario?

b. ¿Dónde han colocado la silla para Chicoria? _____

❷ *Convidar* es un sinónimo de *invitar*. ¿Quién quiere recibir una invitación para cenar?_____

E. Lee el resto del cuento más para ver cómo continuó la cena durante la cual Chicoria les dice a los hacendados dos acertijos o anécdotas de interpretación complicada.

❶ Una *cucharita* es un *utensilio que se usa para comer*, pero en este cuento tiene un significado especial, que explica el éxito de Chicoria. Al observar las menciones de *cucharita* dentro del cuento, ¿qué significa *cucharita*?_____

❷ *Chiva* quiere decir *cabra joven*. Los chivitos maman leche de su madre, la cabra.

a. Pon una X en el margen donde habla de las cabras y sus chivitos.

b. ¿Por qué habla Chicoria de los chivitos?

_____

❸ *Arrimar* significa *acercar*.

a. Explica en tus propias palabras el mandato del hacendado: ''Arrímate, nuevomexicano.''

_____

b. En el margen, dibuja la mesa del comedor y localiza a las personas principales del cuento al principio de la cena y al final de la cena.

F. El cuentista termina su historia rápidamente; lee las dos últimas oraciones para ver cómo terminó la visita del poeta Chicoria a la hacienda. Después de cenar, ¿qué hizo Chicoria?

_____

_____

Después de leer

A. En grupos de tres o cuatro personas, discutan la función de los poetas.

❶ ¿Cuál fue el propósito de tener a Chicoria a mano durante la cena? Apunten sus ideas.

_____

_____

_____

_____

❷ Hoy en día, ¿dónde encontraríamos a poetas que leen su propia poesía (o cuentistas que leen o cuentan sus historias)?

_____

_____

_____

❸ Pensando en la función de poetas de la época de Chicoria y poetas actuales, ¿es la función del poeta entretener con sus cuentos o es enseñar por medio de sus cuentos? El debate sobre la función de la literatura tiene una larga historia. En su opinión, ¿es la literatura para entretener o para enseñar? Organicen sus ideas en el siguiente espacio y después comparen y discutan estas ideas con el resto de la clase.

a. La literatura es para entretener porque _____

_____

_____

_____

_____

b. La literatura es para enseñar porque _____

_____

_____

_____

_____

B. Saquen la hoja de papel que escribieron antes de leer *Chicoria*. Pongan las palabras en la pizarra de nuevo. ¿Cuáles términos les eran útiles al leer el cuento y por qué?

_____

_____

Enlaces opcionales

❶ Explora *Chicoria* y la tradición oral que se ve en las selecciones de la unidad "Tradiciones, mitos y leyendas".

2 Contrasta el ambiente de la comida que se ve en *Chicoria* con el de la comida formal en el capítulo *Como agua para chocolate*.

3 Hemos dicho que en el cuento *Chicoria* hay dos acertijos, uno de la cucharita/tortilla y uno de los chivitos. ¿Pueden Uds. imaginar otros acertijos? Escriban un acertijo. Entréguenlo a su profesor(a) de español para que lo comente y lo edite. Después, hagan una segunda versión, usando los comentarios para corregir su acertijo, y léanlo a los otros grupos para ver si ellos pueden adivinar la respuesta.

Temas gastronómicos

La alimentación hace un papel muy importante en la cultura hispana. Apenas ocurre un evento, en familia o entre amigos y colegas, sin que se sirva una comida especial. Desde los aperitivos hasta los brindis y el café de la sobremesa, la conversación es tan importante como la comida misma. Un tópico muy popular es lo que se lee; la literatura sí se discute en la mesa. Igualmente, la comida, tanto como la familia y los amigos que la comparten, frecuenta las páginas de la literatura de todas partes del mundo hispano. Desde los libros de dibujos de los niños y los libros de recetas hasta los poemas, cuentos y novelas de los escritores hispanos más prestigiosos, los temas gastronómicos penetran las páginas. Los literatos se juntan en los bares y los cafés para hablar de su trabajo; algunos aun escriben en el café mismo. Como muchas veces relatan sus propias experiencias, los cafés y bares que frecuentan y las casas donde viven a menudo se encuentran en las páginas de sus obras—siempre como el trasfondo, muchas veces como el punto de enfoque y, de vez en cuando, se desarrolla un lugar que es tan importante como los personajes mismos de la obra. Puesto que no se puede hablar de un café, un restaurante, una cocina o un comedor sin mencionar lo que se come allí, es natural que la comida entre en las páginas también. Así andan la alimentación y la literatura, inextricablemente conectadas.

Selección 1

Como agua para chocolate (Capítulo 1,"Enero") y Agua, chocolate y un amor difícil

Antes de leer

A. Hay ciertas comidas que asociamos con celebraciones o días especiales. Muchas veces estas asociaciones tienen que ver con tradiciones nacionales, familiares o el grupo étnico a que uno pertenece. Un ejemplo es el pavo que se asocia con el Día de Acción de Gracias en Estados Unidos. Con otra persona, miren la lista siguiente y mencionen un alimento que se asocie con cada celebración.

❶ el Día de San Valentín _____

❷ el Día de la Independencia de _____
   EEUU

❸ una boda _____

❹ una feria _____

❺ la Nochevieja (31 de diciembre) _____

❻ el 5 de mayo _____

B. Dile a otra persona los días especiales que se celebra en tu casa y la comida que se prepara.

❶ ¿Qué se celebra(n)? (los cumpleaños, un día religioso, una reunión familiar, una boda, etc.)

❷ ¿Con quién(es) se celebran? (la familia nuclear, la familia extendida, amigos íntimos, etc.)

3 ¿En qué consiste el menú?

4 ¿Quién prepara la comida?

5 ¿Cuánto tiempo se requiere para la preparación de la comida?

6 ¿Dónde se sirve la comida?

C. Esta selección literaria, como cada capítulo en la novela, comienza con una receta relacionada con el tema del capítulo.

1 Lee solamente la lista de ingredientes.

  a. ¿De qué es la receta? _____

  b. En el texto marca con una palomita (√) los ingredientes que reconozcas.

  c. ¿Piensas que es un postre, un desayuno o un plato principal para una cena?

2 Ahora, pasa por el texto sólo para buscar los alimentos mencionados. Haz una lista de ellos. ¿Hay algunos que no reconoces? ¿Puedes adivinar a qué grupo de alimentos pertenecen (las carnes, las frutas, los vegetales, las especias, etc.)?

Alimento	Grupo
cebolla	*vegetal*

Dirígete a las actividades que empiezan en la página 61 que acompañan la lectura y úsalas para guiarte por la lectura paso a paso.

Como agua para chocolate, Capítulo 1, "Enero" (Primera parte)

TORTAS DE NAVIDAD

INGREDIENTES:

1 Lata de Sardinas
½ de Chorizo
1 Cebolla
Orégano
1 Lata de Chiles Serranos
10 Teleras

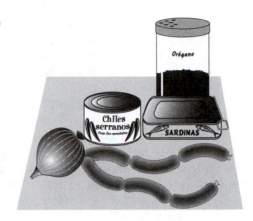

Manera de hacerse:

La cebolla tiene que estar finamente picada. Les sugiero ponerse un pequeño trozo de cebolla en la mollera con el fin de evitar el molesto lagrimeo que se produce cuando uno la está cortando. Lo malo de llorar cuando uno pica cebolla no es el simple hecho de llorar, sino que a
5   veces uno empieza, como quien dice, se pica, y ya no puede parar. No sé si a ustedes les ha pasado pero a mí la mera verdad sí. Infinidad de veces. Mamá decía que era porque yo soy igual de sensible a la cebolla que Tita, mi tía abuela.

    Dicen que Tita era tan sensible que desde que estaba en el vientre
10   de mi bisabuela lloraba y lloraba cuando ésta picaba cebolla; su llanto era tan fuerte que Nacha, la cocinera de la casa, que era medio sorda, lo escuchaba sin esforzarse. Un día los sollozos fueron tan fuertes que provocaron que el parto se adelantara. Y sin que mi bisabuela pudiera decir pío, Tita arribó a este mundo prematuramente, sobre la mesa de
15   la cocina, entre los olores de una sopa de fideos que se estaba cocinando, los del tomillo, el laurel, el cilantro, el de la leche hervida, el de los ajos y, por supuesto, el de la cebolla. Como se imaginarán, la consabida nalgada no fue necesaria pues Tita nació llorando de antemano, tal vez porque ella sabía que su oráculo determinaba que en esta
20   vida le estaba negado el matrimonio. Contaba Nacha que Tita fue literalmente empujada a este mundo por un torrente impresionante de lágrimas que se desbordaron sobre la mesa y el piso de la cocina.

    En la tarde, ya cuando el susto había pasado y el agua, gracias al efecto de los rayos del sol, se había evaporado, Nacha barrió el residuo
25   de las lágrimas que había quedado sobre la loseta roja que cubría el piso. Con esta sal rellenó un costal de cinco kilos que utilizaron para cocinar por bastante tiempo. Este inusitado nacimiento determinó el

hecho de que Tita sintiera un inmenso amor por la cocina y que la mayor parte de su vida la pasara en ella, prácticamente desde que nació, pues cuando contaba con dos días de edad, su padre, o sea mi bisabuelo, murió de un infarto. A Mamá Elena, de la impresión, se le fue la leche. Como en esos tiempos no había leche en polvo ni nada que se le pareciera, y no pudieron conseguir nodriza por ningún lado, se vieron en un verdadero lío para calmar el hambre de la niña. Nacha, que se las sabía de todas respecto a la cocina—y a muchas otras cosas que ahora no vienen al caso—se ofreció a hacerse cargo de la alimentación de Tita. Ella se consideraba la más capacitada para «formarle el estómago a la inocente criaturita», a pesar de que nunca se casó ni tuvo hijos. Ni siquiera sabía leer ni escribir, pero eso sí sobre cocina tenía ya con la tristeza y la enorme responsabilidad de manejar correctamente el rancho para así poderle dar a sus hijos la alimentación y educación que se merecían, como para encima tener que preocuparse por nutrir debidamente a la recién nacida.

Por tanto, desde ese día, Tita se mudó a la cocina y entre atoles y tés creció de lo más sana y rozagante. Es de explicarse entonces el que se le haya desarrollado un sexto sentido en todo lo que a comida se refiere. Por ejemplo, sus hábitos alimenticios estaban condicionados al horario de la cocina: cuando en la mañana Tita olía que los frijoles ya estaban cocidos, o cuando a medio día sentía que el agua ya estaba lista para desplumar a las gallinas, o cuando en la tarde se horneaba el pan para la cena, ella sabía que había llegado la hora de pedir sus alimentos.

Algunas veces lloraba de balde, como cuando Nacha picaba cebolla, pero como las dos sabían la razón de esas lágrimas, no se tomaban en serio. Inclusive se convertían en motivo de diversión, a tal grado que durante su niñez Tita no diferenciaba bien las lágrimas de la risa de las del llanto. Para ella reír era la manera de llorar.

De igual forma confundía el gozo del vivir con el de comer. No era fácil para una persona que conoció la vida a través de la cocina entender el mundo exterior. Ese gigantesco mundo que empezaba de la puerta de la cocina hacia el interior de la casa, porque el que colindaba con la puerta trasera de la cocina y que daba al patio, a la huerta, a la hortaliza, sí le pertenecía por completo, lo dominaba. Todo lo contrario de sus hermanas, a quienes este mundo les atemorizaba y encontraban lleno de peligros incógnitos. Les parecía absurdos y arriesgados los juegos dentro de la cocina, sin embargo, un día Tita las convenció de que era un espectáculo el ver cómo bailaba las gotas de agua al caer sobre el comal bien caliente.

Pero mientras Tita cantaba y sacudía rítmicamente sus manos mojadas para que las gotas de agua se precipitaran sobre el comal y «danzaran», Rosaura permanecía en un rincón, pasmada por lo que observaba. En cambio Gertrudis, como todo aquello donde interviniera el ritmo, el movimiento o la música, se vio fuertemente atraída hacia el juego y se integró con entusiasmo. Entonces a Rosaura no le quedó otra que tratar de hacer lo propio, pero como casi no se mojó las manos lo hacía con tanto miedo, no logró el efecto deseado. Tita entonces trató de ayudarla acercándole las manos al comal. Rosaura se resistió y esta lucha no paró hasta que Tita, muy enojada, le soltó las manos y éstas, por inercia, cayeron sobre el ardiente comal. Además de ganarse una soberana paliza, Tita quedó privada de jugar con sus hermanas dentro

80 de su mundo. Entonces Nacha se convirtió en su compañera de diversión. Juntas se dedicaban a inventar juegos y actividades siempre en relación con la cocina... ∎

A. Lee el primer párrafo de la primera parte de la lectura.

❶ ¿En qué ingrediente se enfoca? ¿A qué reacción y emoción humanas se asocia este ingrediente?

a. ingrediente _____

b. reacción y emoción _____

❷ ¿En qué persona es esta narración?   ☐ primera   ☐ tercera

❸ No se revela el nombre de la narradora, pero se sabe que es pariente de Tita. ¿Qué relación tiene con Tita?_____

B. El segundo y el tercer párrafo nos informa sobre el lugar de la acción y los personajes.

❶ Se trata de _____ que tiene lugar en

_____

a. ¿Reconoces el cognado *oráculo*?   ☐ Sí   ☐ No

b. Sabiendo que los oráculos predicen el futuro, ¿qué predice el oráculo sobre el futuro de Tita?_____

_____

❷ ¿Qué relación familiar tiene la narradora con los padres de Tita?

_____

a. ¿Qué le pasa al padre de Tita?

_____

b. ¿Cómo le afecta a su madre?

_____

❸ ¿Quién se preocupa por la alimentación de Tita? ¿Qué relación tiene esta persona con la familia?

_____

C. Lee el cuarto y el quinto párrafos para ver dónde se cría Tita y cómo es. ¿Cómo se desarrolla la personalidad de Tita? Descríbela con detalle. ¿Es una persona alegre o triste?

_____

_____

_____

_____

D. El último (séptimo) párrafo relata cómo las hermanas de Tita reaccionan frente al comal, el disco de barro caliente que se usa para hacer las tortillas. Esta simple descripción presenta otros persona-jes—las hermanas; también sirve para explicar la relación continua que Tita tiene con la cocina.

❶ ¿Cómo se llaman las dos hermanas? Describe tu primera impre-sión de la personalidad de cada una.

a. _____ , _____

_____

b. _____ , _____

_____

❷ ¿Por qué se le prohíbe a Tita jugar con sus hermanas en la cocina?

_____

_____

❸ ¿Quién llega a ser la compañera de diversión de Tita? _____

❹ ¿Cómo pasan las horas divirtiéndose?

_____

_____

ℯ. La familia de esta novela se llama *De la Garza*. Esta primera parte presenta la mayoría de la familia. Léela otra vez, y empieza a di-bujar un árbol genealógico de la familia. Para hacer la tarea más fácil, es importante identificar a la narradora porque presenta a los miembros de su familia según la relación que cada uno tiene con ella. No se revela claramente la identidad de ella hasta el último capítulo, pero tú puedes ser buen detective y usar la información de este capítulo para adivinar quién puede ser. Empieza a dibujar el árbol genealógico según la relación familiar (abuela, tía abuela, bisabuela, etc.) que cada persona tiene con la narradora. Utiliza los nombres propios de las personas (Tita, Mamá Elena, etc.) cuando sea posible. No vas a poder completar todo el árbol después de leer la primera parte; podrás añadir otra información (por ejemplo, el nombre del abuelo de la narradora) después de leer todo el capítulo.

La familia De la Garza

(según su relación con la narradora)

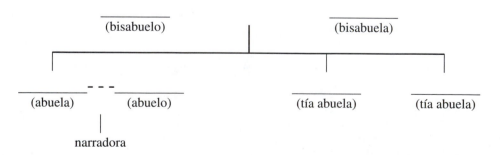

Dirígete a las actividades que empiezan en la página 66 que acompañan la lectura y úsalas para guiarte por la lectura paso a paso.

Como agua para chocolate, Capítulo 1, "Enero" (Segunda parte)

En el rancho de Mamá Elena la preparación del chorizo era todo un rito. Con un día de anticipación se tenían que empezar a pelar ajos, limpiar chiles y a moler especias. Todas las mujeres de la familia tenían que participar: Mamá Elena, sus hijas Ger-
5 trudis, Rosaura y Tita, Nacha la cocinera y Chencha la sirvienta. Se sentaban por las tardes en la mesa del comedor y entre pláticas y bromas el tiempo se iba volando hasta que empezaba a oscurecer. Entonces Mamá Elena decía:

—Por hoy ya terminamos con esto.

10 Dicen que al buen entendedor pocas palabras, así que después de escuchar esta frase todas sabían qué era lo que tenían que hacer. Primero recogían la mesa y después se repartían las labores: una metía gallinas, otra sacaba agua del pozo y la dejaba lista para utilizarla en el desayuno y otra se encargaba de la leña para la estufa. Ese día ni se
15 planchaba ni se bordaba ni se cosía ropa. Después todas se iban a sus recámaras a leer, rezar y dormir. Una de esas tardes, antes de que Mamá Elena dijera que ya se podía levantar la mesa, Tita, que entonces contaba con quince años, le anunció con voz temblorosa que Pedro Muzquiz quería venir a hablar con ella...

20 —¿Y de qué me tiene que venir a hablar ese señor?

Dijo Mamá Elena luego de un silencio interminable que encogió el alma de Tita.

Con voz apenas perceptible respondió:

—Yo no sé. Mamá Elena le lanzó una mirada que para Tita en-
25 cerraba todos los años de represión que habían flotado sobre la familia y dijo:

—Pues más vale que le informes que si es para pedir tu mano, no lo haga. Perdería su tiempo y me haría perder el mío. Sabes muy bien que por ser la más chica de las mujeres a ti te corresponde cuidarme
30 hasta el día de mi muerte.

Dicho esto, Mamá Elene se puso lentamente de pie, guardó sus lentes dentro del delantal y a manera de orden final repitió.

—¡Por hoy, hemos terminado con esto!

Tita sabía que dentro de las normas de comunicación de la casa no
35 estaba incluido el diálogo, pero aun así, por primera vez en su vida intentó protestar a un mandato de su madre.

—Pero es que yo opino que...

—¡Tú no opinas nada y se acabó! Nunca, por generaciones, nadie en mi familia ha protestado ante esta costumbre y no va a ser una de
40 mis hijas quien lo haga.

Tita bajó la cabeza y con la misma fuerza con que sus lágrimas cayeron sobre la mesa, así cayó sobre ella su destino. Y desde ese momento supieron ella y la mesa que no podían modificar ni tantito la dirección de estas fuerzas desconocidas que las obligaban, a la una, a 45 compartir con Tita su sino, recibiendo sus amargas lágrimas desde el momento en que nació, y a la otra a asumir esta absurda determinación.

Sin embargo, Tita no estaba conforme. Una gran cantidad de dudas e inquietudes acudían a su mente. Por ejemplo, le agradaría tener conocimiento de quién había iniciado esta tradición familiar. Sería bueno 50 hacerle saber a esta ingeniosa persona que en su perfecto plan para asegurar la vejez de las mujeres había una ligera falla. Si Tita no podía casarse ni tener hijos, ¿quién la cuidaría entonces al llegar a la senectud? ¿Cuál era la solución acertada en estos casos? ¿O es que no se esperaba que las hijas que se quedaban a cuidar a sus madres sobrevi-55 vieran mucho tiempo después del fallecimiento de su progenitora? ¿Y dónde se quedaban las mujeres que se casaban y no podían tener hijos, quién se encargaría de atenderlas? Es más, quería saber, ¿cuáles fueron las investigaciones que se llevaron a cabo para concluir que la hija menor era la más indicada para velar por su madre y no la hija mayor? 60 ¿Se había tomado alguna vez en cuenta la opinión de las hijas afectadas? ¿Le estaba permitido al menos, si es que no se podía casar, el conocer el amor? ¿O siquiera eso?

Tita sabía muy bien que todas estas interrogantes tenían que pasar irremediablemente a formar parte del archivo de preguntas sin res-65 puesta. En la familia De la Garza se obedecía y punto. Mamá Elena, ignorándola por completo, salió muy enojada de la cocina y por una semana no le dirigió la palabra.

La reanudación de esta semicomunicación se originó cuando, al revisar los vestidos que cada una de las mujeres había estado cosiendo, 70 Mamá Elena descubrió que aun cuando el confeccionado por Tita era el más perfecto no lo había hilvanado antes de coserlo.

—Te felicito—le dijo—, las puntadas son perfectas, pero no lo hilvanaste, ¿verdad?

—No—respondió Tita, asombrada de que le hubiera levantado la ley 75 del silencio.

—Entonces lo vas a tener que deshacer. Lo hilvanas, lo coses nuevamente y después vienes a que te lo revise. Para que recuerdes que el flojo y el mezquino andan doble camino.

—Pero eso es cuando uno se equivoca y usted misma dijo hace un 80 momento que el mío era...

—¿Vamos a empezar otra vez con la rebeldía? Ya bastante tenías con la de haberte atrevido a coser rompiendo las reglas.

—Perdóneme, mami. No lo vuelvo a hacer.

Tito logró con estas palabras calmar el enojo de Mamá Elena. Había 85 puesto mucho cuidado al pronunciar el «mami» cuando se dirigieran a ella. La única que se resistía o que pronunciaba la palabra en todo inadecuado era Tita, motivo por el cual había recibido infinidad de bofetadas. ¡Pero qué bien lo había hecho en ese momento! Mamá Elena se sentía reconfortada con el pensamiento de que tal vez ya estaba lo-90 grando doblegar el carácter de la más pequeña de sus hijas. Pero desgraciadamente albergó esta esperanza por muy poco tiempo pues al día siguiente se presentó en casa Pedro Muzquiz acompañado de su señor padre con la intención de pedir la mano de Tita. Su presencia en la casa causó gran desconcierto. No esperaban su visita. Días antes, Tita le había mandado a Pedro un recado con el hermano de Nacha pidiéndole que desistiera a sus propósitos. Aquél juró que se lo había entregado a don Pedro, pero el caso es que ellos se presentaron en la casa. Mamá Elena los recibió en la sala, se comportó muy amable y les explicó la razón por la que Tita no se podía casar.

—Claro que si lo que les interesa es que Pedro se case, pongo a su consideración a mi hija Rosaura, sólo dos años mayor que Tita, pero está plenamente disponible y preparada para el matrimonio...

Al escuchar estas palabras, Chencha por poco tira encima de Mamá Elena la charola con café y galletas que había llevado a la sala para agasajar a don Pascual y a su hijo. Disculpándose, se retiró apresuradamente hacia la cocina, donde la estaban esperando Tita, Rosaura y Gertrudis para que les diera un informe detallado de lo que acontecía en la sala. Entró atropelladamente y todas suspendieron de inmediato sus labores para no perderse una sola de sus palabras.

Se encontraban ahí reunidas con el propósito de preparar tortas de navidad. Como su nombre lo indica, estas tortas se elaboran durante la época navideña, pero en esta ocasión las estaban haciendo para festejar el cumpleaños de Tita. El 30 de septiembre cumpliría 16 años y quería celebrarlos comiendo uno de sus platillos favoritos.

—¿Ay sí, no? ¡Su 'amá habla d'estar preparada para el matrimoño, como si juera un plato de enchiladas! ¡Y ni ansina, porque pos no es lo mismo que lo mesmo! ¡Uno no puede cambiar unos tacos por unas enchiladas así como así!

Chencha no paraba de hacer este tipo de comentarios mientras les narraba, a su manera, claro, la escena que acababa de presenciar. Tita conocía lo exagerada y mentirosa que podía ser Chencha, por lo que no dejó que la angustia se apoderara de ella. Se negaba a aceptar como cierto lo que acababa de escuchar. Fingiendo serenidad, siguió partiendo las teleras, para que sus hermanas y Nacha se encargaran de rellenarlas.

De preferencia las teleras deben ser horneadas en casa. Pero si no se puede lo más conveniente es encargar en la panadería unas teleras pequeñas, pues las grandes no funcionan adecuadamente para esta receta. Después de rellenarlas se meten 10 minutos al horno y se sirven calientes. Lo ideal es dejarlas al sereno toda una noche envueltas en una tela, para que el pan se impregne con la grasa del chorizo.

Cuando Tita estaba acabando de envolver las tortas que comerían al día siguiente, entró en la cocina Mamá Elena para informarles que había aceptado que Pedro se casara, pero con Rosaura.

Al escuchar la confirmación de la noticia, Tita sintió como si el invierno le hubiera entrado al cuerpo de golpe y porrazo: era tal el frío y tan seco que le quemó las mejillas y se las puso rojas, rojas, como el color de las manzanas que tenía frente a ella. Este frío sobrecogedor la habría de acompañar por mucho tiempo sin que nada lo pudiera atenuar, ni tan siquiera cuando Nacha le contó lo que había escuchado cuando acompañaba a don Pascual Muzquiz y a su hijo hasta la entrada del rancho. Nacha caminaba por delante, tratando de aminorar el paso para escuchar mejor la conversación entre padre e hijo. Don Pascual y Pedro caminaban lentamente y hablaban en voz baja, reprimida por el enojo.

—¿Por qué hiciste esto Pedro? Quedamos en ridículo aceptando la boda con Rosaura. ¿Dónde quedó pues el amor que le juraste a Tita? ¿Qué no tienes palabra?

150 —Claro que la tengo, pero si a usted le negaran de una manera rotunda casarse con la mujer que ama y la única salida que le dejaran para estar cerca de ella fuera la de casarse con la hermana, ¿no tomaría la misma decisión que yo?

Nacha no alcanzó a escuchar la respuesta porque el *Pulque*, el perro
155 del rancho, salió corriendo, ladrándole a un conejo al que confundió con un gato.

—Entonces, ¿te vas a casar sin sentir amor?

—No, papá, me caso sintiendo un inmenso e imperecedero amor por Tita.

160 Las voces se hacían cada vez menos perceptibles pues eran apagadas por el ruido que hacían los zapatos al pisar las hojas secas. Fue extraño que Nacha, que para entonces estaba más sorda, dijera haber escuchado la conversación. Tita igual le agradeció que se lo hubiera contado pero esto no modificó la actitud de frío respeto que desde entonces tomó para
165 con Pedro. Dicen que el sordo no oye, pero compone. Tal vez Nacha sólo escuchó las palabras que todos callaron. Esa noche fue imposible que Tita conciliara el sueño; no sabía explicar lo que sentía. Lástima que en aquella época no se hubieran descubierto los hoyos negros en el espacio porque entonces le hubiera sido muy fácil comprender que
170 sentía un hoyo negro en medio del pecho, por donde se colaba un frío infinito. ∎

A. Lee el primer párrafo de la segunda parte de la lectura.
  ❶ Pon un asterisco (*) sobre la comida que preparan.
  ❷ Pon un círculo alrededor de los nombres de las personas que participan.

B. Lee el segundo párrafo que describe las labores que se repartían los días que hacían chorizo.
  ❶ Pon una X sobre todas las labores.
  ❷ No hacían otras labores el día que hacían chorizos. ¿Cómo pasaban el resto del día?

  _____

  ❸ Durante uno de esos días, Tita anuncia que viene Pedro Muzquiz.

    a. ¿Quién es? _____

    b. ¿Cómo reacciona Mamá Elena al oír esta noticia?

    _____

C. El diálogo que sigue entre Tita y su madre es muy importante. Después de leerlo, contesta las preguntas que están a continuación.
  ❶ ¿Por qué quiere ir Pedro Muzquiz?

  _____

  ❷ ¿Qué costumbre tiene esta familia que le impide a Tita casarse?

  _____

❸ ¿Está Tita de acuerdo con esta costumbre?   ☐ Sí   ☐ No

❹ ¿Le dice a su madre lo que opina?   ☐ Sí   ☐ No

D. Los tres párrafos que siguen al diálogo entre Mamá Elena y Tita contienen la opinión de Tita sobre la costumbre que tiene esta familia.

❶ ¿Qué piensa Tita de esta costumbre? ¿Qué preguntas hace?

_____

_____

_____

❷ Explica lo que significa "el archivo de preguntas sin respuesta."

_____

_____

E. Los párrafos que siguen hablan de los vestidos que las hermanas están cosiendo. Pon una palomita [√] al lado de la conversación que tiene que ver con el tema de coser.

❶ _Coser es hacer puntadas para crear un artículo de ropa u otra prenda de tela._ Según Mamá Elena, ¿cómo son las puntadas de Tita?

_____

❷ Mamá Elena le obliga a Tita a deshacer y recoser el vestido porque no lo hilvanó primero. _Hilvanar_ es un proceso que típicamente se hace antes de hacer las puntadas finales; son puntadas no muy exactas.

   a. ¿Sabes cómo se llama en inglés? _____

   b. Si sabes coser, ¿es importante este proceso?
   ☐ Sí   ☐ No   ¿Por qué?

   _____

❸ Su madre le recuerda a Tita que "el flojo y el mezquino andan doble camino."

   a. ¿Puedes imaginar lo que significa?

   _____

   b. Típicamente, ¿qué dicen las madres en estas situaciones?

   _____

   _____

❹ ¿Se rebela Tita al final?   ☐ Sí   ☐ No

   a. ¿Qué dice? _____

   b. ¿Cómo reacciona su madre? _____

   _____

Answer: 2a. to baste

F. Se introduce otro tema al final del párrafo largo que sigue la discusión entre Tita y su madre.

❶ ¿Quiénes se presentan en la casa de la familia De la Garza?

_____

❷ ¿Cómo los recibe Mamá Elena? ¿Qué les explica?

_____

_____

❸ En cambio, ¿qué le propone Mamá Elena a Pedro?

_____

G. Como es típico de esta novela, se mezcla la historia con el tema de la comida. Pon una X al lado de los párrafos que hablan de la preparación de las tortas de navidad. Lee esos párrafos para contestar las siguientes preguntas.

❶ ¿Quién les sirve café y galletas a Pedro y a su padre, Don Pascual?

_____

❷ ¿Dónde están Tita y sus hermanas? ¿Con qué están ocupadas?

_____

❸ ¿Quién les informa de la oferta que Mamá Elena le hace a Pedro?

_____

❹ Cuando Tita acaba de envolver las tortas, ¿qué noticia les trae Mamá Elena al entrar en la cocina?

_____

H. Lee hasta el final del capítulo.

❶ ¿Qué siente Tita al recibir la mala noticia? _____

❷ Según la conversación que Nacha escucha entre Pedro y su padre, ¿por qué Pedro aceptó la boda con Rosaura?

_____

_____

J. Refiriéndote al árbol genealógico que empezaste de la familia, si Pedro se casa con Rosaura, y Tita es la tía abuela de la narradora,

probablemente ¿quién es la abuela de la narradora?_____

Dirígete a las actividades que acompañan el siguiente artículo y úsalas para guiarte por la lectura paso a paso.

Agua, chocolate y un amor difícil

Entre sabrosos caldos de colitas de res, exquisitas torrejas de
nata y unos chiles en nogada para chuparse los dedos, pasa la
vida de Tita, la protagonista de *Como agua para chocolate*, una
de las películas mexicanas más exitosas de la historia. A caballo entre
5 dos siglos, y teniendo como escenario Texas y Coahuila durante la época
revolucionaria, Tita es obligada a renunciar al amor de su vida, Pedro,
para cuidar a su tirana madre, Elena. Pedro se casará con la hermana
mayor de la heroína para estar cerca de su amada, y ésta volcará su
pasión en la cocina.

10   *Como agua para chocolate*, el sexto largometraje de Alfonso Arau,
costó un millón de dólares, recaudó el doble en México y compitió el
año pasado por el Oscar. Premiada con diez Arieles, el Oscar mexicano,
y con reconocimientos internacionales, *Como agua para chocolate* fue vapuleada por la crítica, que de cocina y cine sabe, por lo visto, poco. Pero
15 conquistó al público nacional que la siguió fielmente durante cuatro
meses de exhibición cinematográfica, antes de comenzar a circular en
video.

    La cinta se basa en la exitosa primera novela de la esposa del rea-
lizador, Laura Esquivel, que ha sido traducida a quince idiomas en vein-
20 ticinco países.

    Esquivel, responsable también del guión, es una educadora espe-
cializada en teatro infantil. Ella concibió su libro como "una novela rosa
de entregas mensuales con recetas, amores y remedios caseros", y
arranca cada capítulo con una fórmula gastronómica.

25   Estelarizada por Marco Leonardi, Lumi Cavazos y Regina Torné, la
película fue fotografiada por Emmanuel Lubezki y Steve Bernstein, que
lograron proyectar el realismo mágico que deseaba el director para em-
parentar su película con la literatura latinoamericana. ■

—Luis Tapia

A. El artículo "Agua, chocolate y un amor difícil" habla de la película
que lleva el mismo nombre que la novela. Lee el primer párrafo
para sacar la información siguiente.

❶ Según este artículo, ¿tuvo éxito esta película? ☐ Sí ☐ No

❷ ¿Dónde tiene lugar la acción? ¿Cuándo?

_____

❸ Subraya las dos oraciones que resumen la historia. Después de
leer el primer capítulo, ¿crees que la película sigue la historia
de la novela? ☐ Sí ☐ No

B. El segundo párrafo nos informa de cómo esta película fue recibida por la crítica y el público.

❶ ¿Ganó un Oscar? Explica.

_____

❷ ¿Qué es un Ariel? _____

❸ ¿Cuántos Arieles ganó? _____

❹ Cuando el artículo dice, "*Como agua para chocolate* fue vapuleada por la crítica, que de cocina y cine sabe, por lo visto poco", ¿quiere decir que a la crítica le gustó o no le gustó la película?
☐ le gustó ☐ no le gustó

❺ ¿Le gustó al público? ☐ Sí ☐ No

C. Lee los próximos dos párrafos que hablan de Laura Esquivel.

❶ ¿Quién es Laura Esquivel?

_____

❷ ¿Cómo sabes que tuvo éxito su primera novela?

_____

D. El último párrafo explica que la película fue fotografiada por Emmanuel Lubezki y Steve Bernstein.

❶ Según el artículo, ¿qué lograron proyectar?

_____

❷ Pensando en el primer capítulo, ¿te acuerdas de algún ejemplo de realismo mágico?

_____

_____

❸ Si has visto la película, ¿puedes dar más ejemplos del realismo mágico?

a. _____

b. _____

c. _____

> **realismo mágico-** combinación de elementos de la realidad objectiva y la fantasía, creando un medio o sentido extraño, y muchas veces confundido, como en un sueño

Después de leer

En grupos de tres o cuatro, discutan los temas siguientes:

A. Si no han visto la película ni han leído toda la novela, escriban, en una hoja aparte, un párrafo que describa lo que creen que pasa en la novela y cómo termina. Compartan sus ideas con las de los otros grupos de la clase.

B. Si es posible, vean la película *Como agua para chocolate*, especialmente la parte que tiene que ver con el primer capítulo.

C. El artículo de la revista *Más* dice que Laura Esquivel no es solamente la autora de la novela, sino que escribió el guión (el diálogo) de la película. En su opinión, ¿son □ exactas, □ muy similares o □ bastante diferentes la novela y la película?

D. "Como agua para chocolate" es una expresión común en México donde es costumbre tomar el chocolate muy caliente. Para hacer esta bebida hay que calentar el agua hasta el punto de hervir. Sabiendo esto, ¿por qué es buen título para esta novela?

_____

_____

_____

Enlaces opcionales

❶ ¿Conoces la obra de teatro *La casa de Bernarda Alba* de Federico García Lorca?

    a. ¿Cuál es el tema de esta obra?

    b. ¿Cómo se compara con el tema de *Como agua para chocolate*?

    c. ¿Cómo se comparan las personalidades de los personajes de las dos obras?

❷ Compara importancia ritual y simbólica tiene la comida en *Como agua para chocolate* y *Chicoria*.

❸ Compara la relación entre la personaje la güera y su madre en el ensayo *La güera* de Cherríe Moraga con la de Tita y Mamá Elena en *Como agua para chocolate*.

Selección 2
El restaurante

Antes de leer

"EL RESTAURANTE"

A. En algunos países hispanos evalúan los restaurantes con tenedores y en otros con estrellas. Los mejores restaurantes reciben cinco tenedores o estrellas, según la calidad de la comida y el tipo de servicio que ofrecen.

❶ En grupos de tres o cuatro personas, hagan una lista de restaurantes de la ciudad o región donde viven y decidan cuántos tenedores merece cada restaurante. Consideren la presentación de la comida, el servicio, la decoración y el ambiente.

Restaurante	Localidad	Y Y Y Y Y

❷ Para informarle a la clase de los resultados, hagan una lista en la pizarra de los restaurantes mencionados en cada grupo.

   a. ¿Hay algunos restaurantes que se repiten en las listas?

   b. ¿Están de acuerdo con el número de tenedores con que los han premiado los grupos?

❸ Hablen de las características de un restaurante de cinco tenedores, cuatro tenedores, etc.

B. Un cuento puede tener varios tipos de narrador. Se puede contar una historia en primera o tercera persona. Cuando el narrador cuenta la historia en primera persona, generalmente tiene un papel importante en el cuento y muchas veces es el protagonista. A diferencia, un narrador en tercera persona puede pero no tiene que participar en la historia. Es posible que simplemente sea observador. Con otra persona, hagan una lista de novelas, cuentos, películas o programas de televisión narrados en primera persona. Hablen del rol o papel que tiene el narrador o la narradora en la historia.

Novela/Cuento/Película/ Programa	Rol del (de la) narrador(a)

C. En grupos de tres o cuatro, hagan las actividades siguientes:

❶ Una persona debe contar algo cómico que le ha pasado en un restaurante o en otra situación.

   Ejemplo: Fui a un restaurante mexicano y...

❷ Después de escuchar la historia, otra persona del grupo debe contar la misma historia, pero esta vez, en tercera persona. Esta versión será la misma historia, pero desde el punto de vista del (de la) compañero(a). Después de escuchar la segunda versión, el grupo debe discutir las similitudes y las diferencias de las dos versiones.

   Ejemplo: Mi compañero(a) fue a un restaurante mexicano y...

Similitudes	Diferencias

3 Ahora, otra persona del grupo tiene que contarle la misma experiencia a la clase. Después de escuchar las historias de cada grupo, la clase debe hablar de cómo se diferencian las tres versiones de cada historia.

Dirígete a las actividades que acompañan la tira cómica y úsalas para guiarte paso a paso.

El restaurante

A. Estudia toda la tira cómica. Para cada dibujo, escribe una oración que describa lo que pasa.

❶ _____

❷ _____

❸ _____

4 _____

5 _____

6 _____

B. Hay varios puntos de vista posibles para contar la historia. En primera persona, escribe la historia en un párrafo de seis oraciones desde el punto de vista del cliente. Describe lo que pasa como si fueras él.

Un día cuando yo estaba comiendo solo en un restaurante...

_____

_____

_____

_____

_____

C. En primera persona, describe lo que pasa desde el punto de vista del mesero.

Un día cuando yo estaba trabajando en un restaurante...

_____

_____

_____

_____

_____

_____

_____

_____

D. En tercera persona, describe lo que pasa desde el punto de vista de un(a) cliente que está sentado(a) en otra mesa del restaurante.

Un día cuando yo estaba comiendo en un restaurante, había un señor...

_____

_____

_____

_____

_____

_____

_____

Después de leer

A. En parejas, primero imagínense el diálogo que tiene lugar en el segundo dibujo entre el cliente y el mesero, y escríbanlo en una hoja aparte. Presenten el diálogo a la clase. Una persona puede ser el cliente y la otra puede hacer el papel del mesero.

B. Imagínense la conversación que tienen el mesero y el cocinero en la cocina. Como el dibujo de esta situación no aparece en la tira cómica, el(la) artista entre ustedes debe dibujarlo a la izquierda. En una hoja aparte, descríbanlo en otro diálogo para presentar a la clase.

_____

_____

_____

C. Contesta las siguientes preguntas y, después, compara tus respuestas con las de otra persona.

❶ ¿Cómo reaccionarías si estuvieras sentado(a) en la mesa al lado de este cliente?

_____

❷ ¿Dirías algo?

_____

❸ ¿Dejarías una buena propina?   ☐ Sí   ☐ No

❹ ¿Les recomendarías este restaurante a tus amigos?   ☐ Sí   ☐ No

D. ¿Has comido solo(a) en un restaurante alguna vez?   ☐ Sí   ☐ No

❶ ¿Cuándo te gusta comer solo(a) en un restaurante?
☐ siempre   ☐ a veces   ☐ nunca

❷ Si contestaste _a veces_, explícale a la clase las circunstancias en que te gusta comer solo(a).

❸ Con toda la clase, hagan una encuesta para ver a cuántas personas les gusta o no les gusta comer solas.

    a. A _____ personas les gusta comer solas.

    b. A _____ personas no les gusta comer solas.

E. La experiencia en los restaurantes de comida rápida es muy diferente. ¿Puedes pensar en una situación cómica en un restaurante de ese tipo?

❶ En una hoja aparte, dibuja tu propia tira cómica _sin diálogo_.

② Dale tu tira cómica a un(a) compañero(a) para que le ponga un diálogo y/o la explique.

③ ¿Tiene tu compañero(a) la misma interpretación que tú? Si las dos intepretaciones son diferentes, ¿crees que ambas son interpretaciones posibles?

④ Si tienes tiempo, dásela a otra persona para interpretar. ¿Es la tercera interpretación similar a una de las otras? ¿Es completamente diferente?

Enlaces opcionales

① Piensa en una película en la cual figura prominentemente un restaurante. Explícale la trama a un(a) compañero(a). ¡No te olvides de describir el restaurante!

② Compara el acto de comer solo de esta selección con el destino del protagonista de *Chicoria*, que observa a otras personas comer al comenzar la comida.

③ Compara las emociones del señor que come solo con las del protagonista de *Y el negro rezó*, donde se nota la falta de comida.

BIO: Pablo Neruda (1904–1973)

El chileno PABLO NERUDA, *es uno de los poetas más importantes de la literatura hispana. Escribió varias colecciones de poesía, entre ellas:* **Veinte poemas de amor y una canción desesperada** *(1924),* **Residencia en la tierra** *(1925–1935),* **Tercera residencia** *(1947),* **Odas elementales** *(1954–1959). Su poesía sigue los ritmos naturales de la vida humana. Según el poeta, los seres humanos, como los árboles y las plantas, deben tener raíces y ramas y contacto con los cuatro elementos para sobrevivir. Por ser comunista, Neruda vivió en exilio en Italia (donde inspiró la novela y la película,* **Il postino***), pero pudo volver a Chile antes de su muerte. Recibió el Premio Nóbel de Literatura en 1971.*

oda-poema lírico de tono elevado y abstracto que celebra la existencia de una persona o un objeto

Antes de leer

A. ¿Cuál es tu fruta o vegetal preferido? _____

   ❶ Adjetivos.

      a. Haz una lista de todos los adjetivos posibles que describan este vegetal o fruta.

      _____   _____   _____

      _____   _____   _____

      _____   _____   _____

      b. Ahora coloca estos adjetivos en el esquema siguiente y agrega más adjetivos para completarlo. Pon las características más generales arriba (por ejemplo, el color y el tamaño), y las características más específicas abajo (por ejemplo, el tono y una comparación con otros objetos).

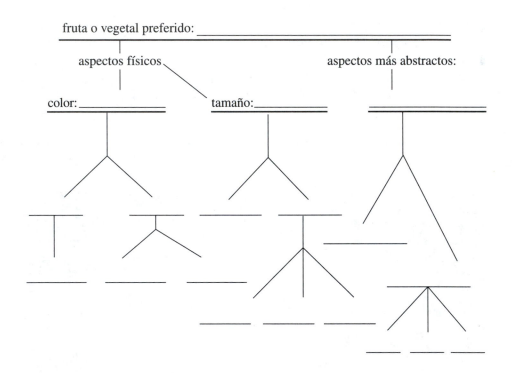

fruta o vegetal preferido: _____

aspectos físicos   aspectos más abstractos:

color: _____   tamaño: _____

   ❷ Usando esta lista de adjetivos, en una hoja aparte, escribe un párrafo de tu fruta o vegetal preferido.

   ❸ En grupos de cuatro personas, cada persona lee su descripción, sin nombrar el alimento; las otras personas adivinan lo que describe.

B. Algunas descripciones son prosaicas, es decir, denotan las cualidades obvias y más o menos concretas de un objeto, por ejemplo, el color y el tamaño. "El tomate es rojo y redondo" es un ejemplo de este tipo de descripción. Por otra parte, las descripciones poé-

> **metáfora**-comparación implícita que traslada el sentido recto de una palabra a otro figurado: metáfora es llamar tomate "astro de tierra"

ticas son más abstractas y dan a un objeto cualidades que generalmente no se asocian con tal objeto.

símil-comparación de un objeto con otro distinto usando, casi siempre, *como* para dar una impresión más viva de uno de los objetos: símil es decir que "el tomate es como un astro de tierra"

❶ Ahora, en los mismos grupos de cuatro, clasifiquen los adjetivos más interesantes que empleó cada persona en la Actividad A, según estas dos categorías:

Alimento	Descripción prosaica	Descripción poética
manzana	fruta roja o verde y redonda	
tomate		astro de tierra (o el tomate es como un astro de tierra)
a.		
b.		
c.		
d.		
e.		
f.		
g.		
h.		
i.		

❷ ¿Pueden pensar en otras descripciones? Añadan otros adjetivos a la lista, identificándolos como prosaicos o póeticos.

Dirígete a las actividades que acompañan el poema y úsalas para guiarte por el poema paso a paso.

Oda al tomate

La calle
se llenó de tomates,
mediodía,
verano,
5 la luz
se parte
de dos
mitades
de tomate,
10 corre
por las calles
el jugo.
En diciembre
se desata
15 el tomate,
invade
las cocinas,
entra por los almuerzos,
se sienta
20 reposado
en los aparadores,
entre los vasos,
las mantequilleras
los saleros azules.
25 Tiene
luz propia,
majestad benigna.
Debemos, por desgracia,
asesinarlo:
30 se hunde
el cuchillo
en su pulpa viviente,
es una roja
víscera,
35 un sol
fresco,
profundo,
inagotable,
llena las ensaladas
40 de Chile,
se casa alegremente
con la clara cebolla,
y para celebrarlo
se deja

45 caer
aceite,
hijo
esencial del olivo,
sobre sus hemisferios entreabiertos,
50 agrega
la pimienta
su fragancia,
la sal su magnetismo:
son las bodas
55 del día,
el perejil
levanta
banderines,
las papas
60 hierven vigorosamente,
el asado
golpea
con su aroma
en la puerta,
65 es hora!
vamos!
y sobre la mesa, en la cintura
del verano,
el tomate,
70 astro de tierra,
estrella
repetida
y fecunda,
nos muestra
75 sus circunvoluciones,
sus canales,
la insigne plenitud
y la abundancia
sin hueso,
80 sin coraza,
sin escamas ni espinas,
nos entrega
el regalo
de su color fogoso
85 y la totalidad de su frescura.

A. Neruda escribió odas a muchas cosas comunes: a la mesa, a la silla, al plato, al vaso y a muchos alimentos como la alcachofa y la cebolla. El ejemplo que tenemos aquí es la "Oda al tomate". Mira la definición de *oda* que aparece en la página 79 y después lee los cuatro primeros versos.

Mira la definición de *oda* que aparece en la página 79

> **verso**-cada una de las líneas de un poema; puede ser una palabra o un conjunto de palabras sometidas a cierta medida y ritmo

❶ ¿Dónde están los tomates? _____

❷ ¿Hay muchos o pocos? ¿Cómo lo sabes?

_____

❸ ¿Cuándo es? Indica la hora y la estación del año.

   a. la hora _____

   b. la estación _____

B. Lee los versos 5–12.

❶ ¿Cómo se parte el tomate? ¿Qué pasa cuando se parte?

_____

❷ ¿Con qué compara el poeta la luz del sol que ilumina las calles al mediodía?

_____

C. Lee los versos 13–24.

❶ ¿En qué mes pasa la acción del poema? _____

❷ Si no recuerdas de dónde es el poeta, Pablo Neruda, lee otra vez su nota biográfica.

❸ El ecuador divide la Tierra en el hemisferio boreal (del norte) y el hemisferio austral (del sur). ¿En qué hemisferio se encuentra la patria del poeta? _____

❹ Los tomates abundan en el verano. ¿Cuáles son los meses de verano en el hemisferio del poeta?

_____

D. Subraya todos los verbos en los versos 13–24.

❶ ¿Entiendes lo qué significa *atarse*? (Se ata un perro con una cuerda.) *Desatarse* quiere decir el contrario.

❷ En estos versos hay una sucesión de acciones del tomate; escribe los verbos de acción debajo del dibujo de la cocina e indica con una flecha (↗) dónde tiene lugar cada una.

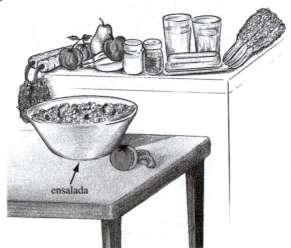

ensalada

personificación-dar características humanas a un objeto inanimado

❸ Normalmente no asociamos la acción de moverse con objetos inanimados. Con la personificación, Neruda le da al tomate características humanas. Al leer el resto del poema, nota con un asterisco (*) otros ejemplos de personificación.

E. Lee los versos 25–34.

❶ ¿Quiénes son los "cocineros", es decir, ¿quién prepara el tomate para comer? _____

❷ ¿Cuál es el destino del tomate?

_____

❸ La víscera normalmente se usa para hablar de los órganos que se encuentran dentro del cuerpo de una persona o un animal. ¿Qué otra expresión puedes encontrar dentro de estos versos que describe la víscera del tomate de una manera más apropiada a los vegetales?_____

F. Lee los versos 35–40. ¿Cómo se conecta el sol con las ensaladas de Chile?

_____

_____

G. Según los versos 41–58, ¿cómo se hace la ensalada? Haz una lista de los otros ingredientes que contiene.

H. Después de leer los versos 59–64 se entiende que la ensalada es solamente una parte de una comida completa. ¿Qué más se va a servir con la ensalada? Escribe lo que va a acompañar la ensalada en el menú.

J. Los versos 65–66 contienen una invitación. ¿Para qué es la invitación?

_____

Menú

ensalada

Lista

J. Qué semejanzas hay entre los versos 67–78 y los versos 35–40?

_____

_____

_____

_____

K. Según los versos 79–81, ¿cuáles son cuatro características que no tiene el tomate pero que tienen otros alimentos que los hacen más difíciles de comer?

Característica	Alimento que tiene esta característica
1. _____	_____
2. _____	_____
3. _____	_____
4. _____	_____

L. Los cuatro últimos versos de la oda hablan del regalo que nos da el tomate.

❶ ¿De qué color es un tomate maduro? (Pista: _fogoso_ se refiere al fuego). _____

❷ Sabiendo esto, ¿qué contraste nos ofrece su regalo?

_____

Después de leer

En grupos de tres o cuatro, hagan las actividades siguientes:

A. Lean Uds. otra vez los versos 15–24. Dan un ejemplo de personificación. ¿Cuáles son otros ejemplos?

(verso) _____ (ejemplo) _____

(verso) _____ (ejemplo) _____

(verso) _____ (ejemplo) _____

B. Lean Uds. otra vez los versos 28–29. ¿Cómo implica el poeta a los lectores en la acción del poema, en este caso, en el asesinato? ¿Hay otros ejemplos de esta inclusión del lector en la lectura?

(verso) _____ (ejemplo) _____

(verso) _____ (ejemplo) _____

(verso) _____ (ejemplo) _____

C. En *Oda al tomate* se valora un objeto diario, que se encuentra fácilmente dentro de una cocina típica durante el verano. Hagan una lista de nueve objetos (no tienen que ser de comida) que sean dignos de celebrar o alabar.

_____   _____   _____

_____   _____   _____

_____   _____   _____

D. A solas, en una hoja aparte, escribe tu propia oda al estilo nerudiano, es decir, de Neruda, a tu objeto preferido de la lista que hizo su grupo. (Unas sugerencias: describe el objeto desde perspectivas múltiples, personifica el objeto, menciona dónde se encuentra, explica su función, compara tu objeto con otro objeto, explica lo que *no* es y lo que es.)

Enlaces opcionales

❶ Compara y contrasta la abundancia que se encuentra en *Oda al tomate* por Neruda con la escasez implícita en *La colmena* de Cela. Explora el tono y el efecto sicológico.

❷ Escribe una oda al estilo nerudiano a su restaurante preferido.

Selección 4

Grafitis en un bar de estibadores

> **BIO: Vicente Quirarte (1954–)**
>
> VICENTE QUIRARTE *es un escritor mexicano actual que reside en México, D.F. Colecciona grafitis, y en 1988 publicó algunos en* **El amor que destruye lo que inventa** *e* **Historia de la historia.** *En 1979 ganó el Premio Nacional de Poesía Joven por su libro* **Vencer a la blancura.** *En los años noventa Quirarte ha obtenido el Premio Xavier Villaurrutia y la Distinción Universidad Nacional para Creación Artística y Extensión de la Cultura.*

Antes de leer

En parejas:

A. ¿Qué asocian Uds. con los bares y las cafeterías?

   ❶ Escriban sus asociaciones en el diagrama.

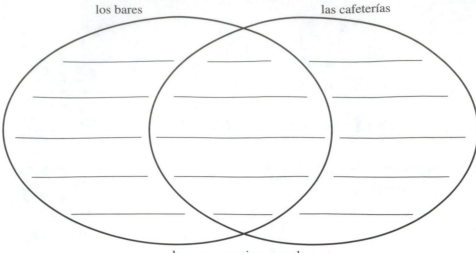

los bares   las cafeterías

lo que se asocia con ambos

❷ Léanle sus asociaciones a la clase. ¿Qué grupo produjo la lista más larga?

B. Observen el dibujo del bar y, en una hoja aparte, escriban un resumen de sus observaciones en forma de párrafo.

C. ¿Sabían que el novelista estadounidense Ernest Hemingway* tenía mucha fama por escribir sus novelas en cafeterías y bares españoles? Esta anécdota de Hemingway provee testimonio de que la literatura se escribe en los sitios menos esperados. Otro ejemplo de encontrar la literatura en un sitio no esperado son los grafitis escritos en un bar o una cafetería.

❶ Generalmente, ¿de qué tratan los grafitis?

_____

_____

❷ ¿Quiénes escriben los grafitis?

_____

_____

❸ ¿Por qué los escriben?

_____

_____

❹ ¿Quiénes leen los grafitis?

_____

_____

Dirígete a las actividades que acompañan los grafitis y úsalas para guiarte por la lectura paso a paso.

**For Whom the Bell Tolls* (1940), escrito por Ernest Hemingway (1899–1961), se ambientó en España durante la Guerra Civil Española.

Grafitis en un bar
de estibadores

> Me lo dijo el cubano y te lo escribo:
> "El café hay que tomarlo con sus cuatro letras:
> Caliente, Armago, Fuerte, Escaso."

A. Observa el título de la lectura. El verbo *estibar* quiere decir *colocar la estiba o carga en un barco*. Sabiendo lo que quiere decir *estibar*, explícale a un(a) compañero(a) de clase tu teoría en cuanto al significado de la palabra *estibador*. Colaboren Uds. en grupos de dos o tres sobre una misma definición de *estibador*. ¿Por qué se suelen encontrar los grafitis en los puertos (donde hay barcos, marineros, estibadores, etc.)?

B. A solas explica en tus propias palabras el juego de las cuatro mayúsculas en el último renglón del grafiti anterior.

_____

_____

_____

C. El café es un producto importante de Cuba. ¿Podrías anotar en el mapa otros países hispanos conocidos por la producción de café?

Después de leer

A. Elige otra bebida o comida que típicamente se tome en una cafetería o un bar y haz una frase con cada letra (por ejemplo, Té: *T*oda, *E*nergía). Si quieres, consulta un diccionario para buscar palabras.

_____

_____

_____

B. Si tuvieras que expresarte por medio de los grafitis, ¿qué escribirías? Escribe un grafiti original en el espacio que sigue. ¿Dónde lo pondrías? ¿Por qué?

_____

_____

_____

_____

_____

Enlaces opcionales

❶ Comenta y contrasta la función, el estilo y el espíritú de *Grafitis en un bar de estibadores* con los de las adivinanzas y las trabalenguas, en la unidad ''Tradiciones, mitos y leyendas.''

❷ Compara el bar en *Grafitis en un bar de estibadores* con el café de doña Rosa en *La colmena*.

La colmena (fragmento)

BIO: Camilo José Cela (1916–   )

CAMILO JOSÉ CELA *es un autor español. Se estableció por tratar temas de la triste realidad de la España de posguerra.* Su novela* **La colmena** *fue publicada en 1951. Cela sigue escribiendo, cuentos y crítica. Muchos lo consideran el escritor de más prestigio de España. Ganó el Premio Nobel de Literatura en 1989 por su novela más conocida,* **La familia de Pascual Duarte**, *que escribió en 1942, e ingresó en La Real Academia de las Letras Españolas en 1957.*

*La Guerra Civil Española (1936–1939) dio lugar a la dictadura de Francisco Franco (1939–1975) y dejó a España económicamente destrozada.

Antes de leer

En grupos de tres, hagan las actividades siguientes:

A. Los bares y las cafeterías son tan populares en España como en Hispanoamérica. Por la tarde son sitios agradables para reunirse y pasar un rato charlando con los amigos y los vecinos.

❶ ¿Pueden nombrar un bar, una cafetería u otro sitio donde pasen tiempo con sus amigos?

_____

❷ Describan la clientela que va allí.

_____

_____

_____

B. Echen un vistazo al texto. Pongan un asterisco (*) al lado de todos los cognados que hay en el fragmento de _La colmena_.

C. Fíjense en el título de la novela. Generalmente se asocia una _colmena_ con las abejas; es la estructura en que viven. En la novela se asocia esta idea con la cafetería de doña Rosa. ¿Cómo podrían conectar la idea de la colmena con una cafetería popular?

_____

_____

Dirígete a las actividades que acompañan la lectura y úsalas para guiarte por la lectura paso a paso.

La colmena (fragmento)

Doña Rosa va y viene por entre las mesas del Café, tropezando
a los clientes con su tremendo trasero. Doña Rosa dice con
frecuencia "leñe" y "nos ha merengao". Para doña Rosa, el
mundo es su Café, y alrededor de su Café, todo lo demás. Hay quien
5 dice que a doña Rosa le brillan los ojillos cuando viene la primavera y
las muchachas empiezan a andar de manga corta. Yo creo que todo eso
son habladurías: doña Rosa no hubiera soltado jamás un buen amadeo
de plata por nada de este mundo. Ni con primavera ni sin ella. A doña
Rosa lo que le gusta es arrastrar sus arrobas, sin más ni más, por entre
10 las mesas. Fuma tabaco de noventa, cuando está a solas, y bebe ojén,
buenas copas de ojén, desde que se levanta hasta que se acuesta. Después tose y sonríe. Cuando está de buenas, se sienta en la cocina, en
una banqueta baja, y lee novelas y folletines, cuanto más sangrientos,
mejor: todo alimenta. Entonces le gasta bromas a la gente y les cuenta
15 el crimen de la calle de Bordadores o el expreso de Andalucía. ∎

A. A solas, lee el párrafo rápidamente sin buscar palabras en un
diccionario.

❶ Después nota con una palomita (√) las varias palabras o frases
descriptivas que se refieren a doña Rosa.

❷ Subraya la frase en la lectura "tropezando a los clientes con su
tremendo trasero". Sabes lo que quiere decir la palabra *atrás*,
¿no? El *trasero* es la *parte posterior de una persona*. ¿Cómo es el
trasero de doña Rosa? Un significado de *tropezar* es *chocar*. Ahora
bien, piensa en la imagen visual que tienes de doña Rosa y cómo
se mueve entre los clientes y las mesas de su café.*

❸ Subraya dos veces la frase en la lectura "lo que le gusta es
arrastrar sus arrobas...por entre las mesas''. La palabra *arroba*
significa una *medida variable de líquido*. Si pensamos en doña
Rosa como un líquido que mueve entre las mesas, ¿qué imagen
te comunica?

a. Físicamente, ¿cómo es doña Rosa?
☐ guapa ☐ delgada ☐ gorda

b. ¿Cómo es su vida?
☐ activa ☐ sedentaria ☐ activa y sedentaria

*En el español coloquial, es común referirse a una cafetería con la palabra *café*.

B. Lee el párrafo, esta vez con más cuidado. Hay dos frases entre comillas que son regionalismos: *leñe* y *nos ha merengao* (merengado). No tienes que saber exactamente lo que significan para comprender que nos señalan que doña Rosa habla con los clientes de una manera informal. ¿Qué más sabemos de su manera de tratar a los clientes?

_____

_____

C. Un *buen amadeo* de plata* es una *moneda;* el *ojén* es una *bebida hecha de anís, hielo y azúcar.* En esta selección tenemos otras imágenes de doña Rosa.

❶ ¿Dónde está cuando *no* está a solas? _____

❷ ¿Dónde está cuando está a solas? _____

❸ ¿Qué hace cuando está a solas? _____

D. Durante esos años era muy popular insertar *folletines,* es decir, fragmentos de una novela, cada día o cada semana en un periódico hasta que se publicara la novela entera. ¿Qué tipo de novelas le gusta a doña Rosa?

☐ las novelas románticas en las cuales todo les sale bien a los enamorados

☐ las novelas policíacas en las cuales se acuchilla y se asesina a tiros a mucha gente

E. Lee otra vez las tres últimas oraciones.

❶ Nota en la tabla lo que *alimenta* a doña Rosa.

La comida	La bebida	La alimentación figurativa

❷ ¿No tienes nada en la columna "la comida"? ¿No te parece peculiar? Por supuesto en un restaurante o una cafetería hay comida. La falta de comida en la cafetería de doña Rosa se ve a lo largo de la novela y nos señala una crítica sutil del autor de los problemas en España inmediatamente después de la Guerra Civil Española, durante los primeros años de la dictadura de Francisco Franco. En esta época llamada "los años de hambre", había poca comida en España por varios motivos: (1) la Guerra Civil y la falta de producción agrícola dentro de España, (2) España fue alienada por el resto del mundo por motivos políticos y (3) la Segunda Guerra Mundial. Este fragmento de *La colmena* describe indirectamente los años de hambre.

_____

*Amadeo I: príncipe italiano de la familia Saboya y rey de España de 1870–1873.

Después de leer

A. Una obra literaria es más que la historia que se cuenta. La lengua misma nos ofrece otro tipo de placer; muchas veces uno tiene que leer en voz alta algunas partes para oír bien la belleza de la lengua. El fragmento contiene varios ejemplos de aliteración.

> **aliteración**-la repetición del sonido inicial, por lo común de una consonante, en dos o más palabras de una frase, un verso de poesía, etc. (La repetición de los sonidos vocales se llama *asonancia*.)

1 En grupos—subrayándolos en el texto—identifiquen por lo menos tres ejemplos de aliteración.

2 Lean estas frases en voz alta para gozar del efecto auditivo de este recurso literario.

3 Después discutan qué función tienen los casos de aliteración dentro del fragmento. Expliquen sus teorías.

B. Pensando en la falta de comida después de la Guerra Civil Española, ¿podrían mencionar una época en su propio país cuando escaseaba la comida?

1 Escriban una lista de datos de lo que saben de esta época.

2 Después repasen la lista para ver si tienen suficientes datos para escribir un párrafo que describa esta época. Si no tienen suficientes datos, busquen más en un libro de referencia o el Internet. Cada grupo debe escribir el párrafo en una hoja aparte y compartirlo con la clase.

C. Piensen en un sitio que sea una verdadera colmena de actividad humana donde viven Uds. Imaginen que están allí. En un dibujo, un poema o un párrafo, describan el sitio con mucho detalle enfocándose en una persona. Pídanle a su profesor(a) que los coleccione en un sitio especial en un tablón de la sala de clase para que todos los puedan gozar.

Enlaces opcionales

1 Piensa en los restaurantes, cafés y bares de los que hemos leído en este texto. ¿Cuáles te gustan más? Compáralos con la cafetería de doña Rosa.

2 Compara la descripción de "los años de hambre", del fragmento de *La colmena*, con la de los años de la Gran Depresión en Nueva York del poema *La aurora* de Francisco García Lorca. ¿Cuál describe *de la manera más obvia* la miseria? ¿Qué técnicas usan los dos autores?

Selección 6
La botella de chicha

BIO: Julio Ramón Ribeyro (1929–1994)

JULIO RAMÓN RIBEYRO *es un escritor peruano de relatos, novelas y obras de teatro. Contra el deseo de su familia, estudió literatura en vez de derecho y llevó una vida poco convencional. Maestro del cuento, sus temas suelen ser tristes y tratan de la frustración de la clase media.*

Antes de leer

A. Cuando te gradúes, ¿cómo va a celebrarlo tu familila?

❶ ¿Habrá una fiesta o una cena especial?   ☐ Sí ☐ No

❷ ¿Qué comerán y beberán las personas invitadas? Crea un menú para tal celebración en tu familia.

Menú

96 •••

B. ¿Tiene tu familia la costumbre de brindar, es decir, tomar una copa de vino o champaña en honor de la persona que celebra un día especial? ☐ Sí ☐ No

❶ Normalmente, ¿quién ofrece el brindis en tu familia?

_____

_____

❷ En muchos países hipánicos el brindis típico es "salud", "chin-chin" o "salud, dinero y amor y el tiempo para gozarlos". ¿Tiene tu familia algún brindis que suele usar?

_____

_____

❸ ¿Tiene tu familia otras tradiciones?

_____

_____

_____

_____

C. En grupos de tres o cuatro personas, comparen sus tradiciones.

❶ Cada persona le debe explicar al grupo una de sus tradiciones familiares. Debe hablar de lo que se celebra, lo que se bebe y come, y si su familia usa algún brindis en particular.

❷ ¿Tienen Uds. algunas tradiciones en común?

D. Ahora, piensen Uds. en una ocasión en la cual han necesitado dinero para comprar algo.

❶ ¿Cualés son las vías (maneras) normales de obtenerlo?

_____

_____

❷ Si Uds. tuvieran que vender algo para conseguir un poco de dinero, ¿qué venderían?

_____

_____

❸ ¿Y qué dirían sus padres?

_____

_____

E. Lean el título de la lectura. La _chicha_ es una _bebida que se hace en el Perú_. Es un licor (tipo whisky) hecho de jora (maíz). ¿Pueden Uds. adivinar cómo se conectarían los siguientes temas?

❶ las costumbres familiares

❷ el acto de vender algo para ganar un poco de dinero

3 una botella de chica

_____

_____

_____

Dirígete a las actividades que acompañan la lectura y úsalas para guiarte por la lectura paso a paso.

La botella de chicha

en una ocasión tuve necesidad de una pequeña suma de dinero y como me era imposible procurármela por las vías ordinarias, decidí hacer una pesquisa por la despensa de mi casa, con la esperanza de encontrar algún objeto vendible o pignorable. Luego de
5   remover una serie de trastos viejos, divisé acostada en un almohadón como una criatura en su cuna, una vieja botella de chicha. Se trataba de una chicha de que hacía más de quince años recibiéramos de una hacienda del norte y que mis padres guardaban celosamente para utilizarla en un importante suceso familiar. Mi padre me había dicho que
10 la abriría cuando yo "me recibiera de bachiller". Mi madre, por otra parte, había hecho la misma promesa a mi hermana, para el día "que se casara". Pero ni mi hermana se había casado ni yo había elegido aún qué profesión iba a estudiar, por lo cual la chicha continuaba durmiendo el sueño de los justos y cobrando aquel inapreciable valor que
15 dan a este género de bebidas los descansos prolongados.

Sin vacilar, cogí la botella del pico y la conduje a mi habitación. Luego de un paciente trabajo logré cortar el alambre y extraer el corcho, que salió despedido como por el ánima de una escopeta. Bebí un dedito para probar su sabor y me hubiera acabado toda la botella si es que no
20 la necesitara para un negocio mejor. Luego de verter su contenido en una pequeña pipa de barro, me dirigí a la calle con la pipa bajo el brazo. Pero a la mitad del camino un escrúpulo me asaltó. Había dejado la botella vacía abandonada sobre la mesa y lo menos que podía hacer era restituirla a su antiguo lugar para disimular en parte las trazas de mi
25 delito. Regresé a casa y para tranquilizar aún más mi conciencia, llené la botella vacía con una buena medida de vinagre, la alambré, la encorché y la acosté en su almohadón.
Con la pipa de barro, me dirigí a la chichería de don Eduardo.
—Fíjate lo que tengo—dije mostrándole el recipiente—. Una chicha
30 de jora de veinte años. Sólo quiero por ella treinta soles. Está regalada.
Don Eduardo se echó a reír.
—¡A mí!, ¡a mí!—exclamó señalándose el pecho—¡A mí con ese cuento! Todos los días vienen a ofrecerme chicha y no sólo de veinte años atrás. ¡No me fio de esas historias! ¡Como si las fuera a creer!
35 —Pero yo no te voy a engañar. Pruébala y verás.
—¿Probarla? ¿Para qué? Si probara todo lo que me traen a vender terminaría de día borracho, y lo que es peor mal emborrachado. ¡Anda, vete de aquí! Puede ser que en otro lado tengas más suerte.
Durante media hora recorrí todas las chicherías y bares de la cuadra.
40 En muchos de ellos ni siquiera me dejaron hablar. Mi última decisión-fue ofrecer mi producto en las casas particulares pero mis ofertas, por lo general, no pasaron de la servidumbre. El único señor que se avino a recibirme me preguntó si yo era el mismo que el mes pasado le vendiera un viejo burdeos y como yo, cándidamente le replicara que sí, fui

45 cubierto de insultos y de amenazas e invitado a desaparecer en la forma
menos cordial.

Humillado por este incidente, resolví regresar a mi casa. En el camino pensé que la única recompensa, luego de empresa tan vana, sería
beberme la botella de chicha. Pero luego consideré que mi conducta
50 sería egoísta, que no podía privar a mi familia de su pequeño tesoro
solamente por satisfacer un capricho pasajero, y que lo más cuerdo sería
verter la chicha en su botella y esperar, para beberla, a que mi hermana
se casara o que a mí pudieran llamarme bachiller.

Cuando llegué a casa había oscurecido y me sorprendió ver algunos
55 carros en la puerta y muchas luces en las ventanas. No bien había in-
gresado a la cocina cuando sentí una voz que me interpelaba en la pe-
numbra. Apenas tuve tiempo de ocultar la pipa de barro tras de una
pila de periódicos.

—¿Eres tú el que anda por allí?—preguntó mi madre, encendiendo
60 la luz—¡Esperándote como locos! ¡Ha llegado Raúl! ¿Te das cuenta?
¡Anda a saludarlo! ¡Tantos años que no ves a tu hermano! ¡Corre! que
ha preguntado por ti.

Cuando ingresé a la sala quedé horrorizado. Sobre la mesa central
estaba la botella de chicha aún sin descorchar. Apenas pude abrazar a
65 mi hermano y observar que le había brotado un ridículo mostacho.
"Cuando tu hermano regrese", era otra de las circunstancias esperadas.
Y mi hermano estaba allí y estaban también otras personas y la botella
y minúsculas copas pues una bebida tan valiosa necesitaba adminis-
trarse como una medicina.

70 —Ahora que todos estamos reunidos—habló mi padre—vamos al
fin a poder brindar con la vieja chicha—y agració a los invitados con
una larga historia acerca de la botella, exagerando, como era de esperar,
su antigüedad. A mitad de su discurso, los circunstantes se relamían los
labios.

75 La botella se descorchó, las copas se llenaron, se lanzó una que otra
improvisación y llegado el momento del brindis observé que las copas
se dirigían a los labios rectamente, inocentemente, y regresaban vacías
a la mesa, entre grandes exclamaciones de placer.

—¡Excelente bebida!
80 —¡Nunca he tomado algo semejante!
—¿Cómo me dijo? ¿Treinta años guardada?
—¡Es digna de un cardenal!
—¡Yo que soy experto en bebidas, le aseguro, don Bonifacio, que
como ésta ninguna!

85 Y hermano, conmovido por tan gran homenje, añadió.
—Yo les agradezco, mis queridos padres, por haberme reservado
esta sorpresa con ocasión de mi llegada.

El único que, naturalmente, no bebió una gota fui yo. Luego de
acercármela a las narices y aspirar su nauseabundo olor a vinagre, la
90 arrojé con disimulo en un florero.

Pero los concurrentes estaban excitados. Muchos de ellos dijeron
que se habían quedado con la miel en los labios y no faltó uno más
osado que insinuara a mi padre si no tenía por allí otra botellita
escondida.

95 —¡Oh, no!—replicó—¡De estas cosas sólo una! Es mucho pedir.
Noté, entonces, una consternación tan sincera en los invitados, que
me creí en la obligación de intervenir.

—Yo tengo por allí una pipa con chicha.

—¿Tú?—preguntó mi padre, sorprendido.

100 —Sí, una pipa pequeña. Un hombre vino a venderla...Dijo que era muy antigua.

—¡Bah! ¡Cuentos!

—Y yo se la compré por cinco soles...

—¿Por cinco soles? ¡No has debido pagar ni una peseta!

105 —A ver, la probaremos—dijo mi hermano—. Así veremos la diferencia.

—Sí, ¡que la traiga!—pidieron los invitados.

Mi padre, al ver tal espectativa, no tuvo más remedio que aceptar y yo me precipité hacia la cocina. Luego de extraer la pipa bajo
110 el montón de periódicos, regresé a la sala con mi trofeo entre las manos.

—¡Aquí está!—exclamé, entregándosela a mi padre.

—¡Hum—dijo él, observando la pipa con desconfianza—. Estas pipas son de última fabricación. Si no me equivoco, yo compré una pa-
115 recida hace poco —y acercó la nariz al recipiente—. ¡Qué olor! ¡No! ¡Esto es una broma! ¿Dónde has comprado esto, muchacho? ¡Te han engañado! ¡Qué tontería! Debías haber consultado —y para justificar su actitud hizo circular la botija entre los concurrentes, quienes ordenadamente la olían y después de hacer una mueca de repugnancia, la
120 pasaban a su vecino.

—¡Vinagre!

—¡Me descompone el estómago!

Pero ¿es que esto se puede tomar?

—¡Es para morirse!

125 Y como las expresiones aumentaban de tono, mi padre sintió renacer en sí su función moralizadora de jefe de familia y tomando la pipa con una mano y a mí de una oreja con la otra, se dirigió a la puerta de la calle.

—Ya te lo decía.

130 —¡Te has dejado engañar como un bellaco!

Abrió la puerta y, con gran impulso, arrojó la pipa a la calle, por encima del muro. Un ruido de botija rota estalló en un segundo. Recibiendo un coscorrón en la cabeza, fui enviado a dar una vuelta por el jardín y mientras mi padre se frotaba las manos, satisfecho de su pro-
135 ceder, observé que en la acera pública, nuestra chicha norteña en tantos pequeños y tentadores compromisos, yacía extendida en una roja y dolorosa mancha. Un automóvil la pisó alargándola en dos huellas; una hoja de otoño naufragó en su superficie; un perro se acercó, la olió y la meó. ■

A. Lee el primer párrafo. Después, subraya los verbos en la primera frase.

❶ ¿En qué persona se narra? ☐ 1ª ☐ 2ª ☐ 3ª

❷ ¿En qué tiempo se escribe?
   ☐ el pasado   ☐ el presente   ☐ el futuro

B. Una despensa es una sala cerca de la cocina donde se guardan las provisiones, es decir, los comestibles. *Hacer una pesquisa por la des-*

pensa quiere decir *investigar con el propósito de encontrar algo entre los comestibles de la despensa.*

❶ Dibuja lo que encontró el narrador en la despensa tal como tú lo imaginas de la descripción.

❷ Normalmente, se guardan las botellas de licor en un estante o en un gabinete.

   a. ¿Parece que dicha botella de licor es ordinaria?

   ☐ Sí ☐ No

   b. ¿Cómo lo sabes?

_____

_____

C. La chicha se había hecho en una hacienda al norte del país.

❶ ¿Se había hecho recientemente la chicha? ☐ Sí ☐ No

❷ ¿Qué planes tenía el padre para la botella de chicha? ¿y la madre?

   (el padre) _____

   (la madre) _____

❸ ¿Por qué no había bebido la chicha la familia? ☐ esperaba venderla por mucho dinero ☐ no habían pasado estos casos ☐ esperaba que fuera más vieja

D. Lee el segundo párrafo que habla de lo que hizo el narrador con "el tesoro" de su familia.

❶ En el texto, nota con 1, 2, etc., lo que hizo el narrador con la botella en su habitación.

❷ Salió de la casa pero después de darse cuenta de que alguien podría encontrar la botella vacía en la mesa, el narrador regresó a la casa. En el texto, nota con 6, 7, etc., lo que hizo al regresar.

E. Lee el diálogo que sigue. Al salir de la casa de nuevo, el narrador se dirigió a la chichería (el sitio donde se vende o se sirve la chicha) de don Eduardo. El diálogo entre éste y el narrador tiene que ver con la calidad de la chicha. Describe la bebida según lo que le dijo el narrador a don Eduardo.

_____

_____

_____

F. ¿Lo creyó don Eduardo?   ☐ Sí   ☐ No   ¿Cómo lo sabes?

_____

G. ¿Por qué no quería probar don Eduardo la chicha?

_____

H. Lee el párrafo de narración que sigue al diálogo. Al no poder vender la chicha ni en las chicherías ni en los bares, el narrador decidió ofrecer su producto en las casas del pueblo.

❶ ¿Tuvo éxito en venderla en las casas particulares?   ☐ Sí   ☐ No

❷ ¿Qué le pasó al narrador en la casa del único señor que se avino a invitarlo a entrar?

_____

I. Lee los próximos párrafos que hablan del regreso del narrador a su casa. En el texto nota con el signo indicado los siguientes temas.

❶ Mientras regresaba a su propia casa, ¿por qué no bebió la chicha? (*)

❷ ¿Por qué decidió verter la chicha en su botella? (√)

❸ Al llegar a casa, ¿qué hizo inmediatamente con la pipa de chicha? (X)

❹ Parece que toda la familia lo esperaba. ¿Qué noticias le dio su madre? (‡)

J. Describe la sala cuando ingresó el narrador.

_____

_____

_____

K. Lee hasta donde habla el narrador. El padre mencionó "una larga historia acerca de la botella".

❶ ¿Qué información en cuanto a la botella de chicha sabemos del primer párrafo del cuento?

_____

_____

❷ Es un poquito diferente lo que les dijo el padre a los invitados ¿Por qué?

_____

_____

L. ¿Cómo recibieron los invitados la chicha?
☐ con mucho gusto   ☐ no les gustó nada

M. En el segundo párrafo del cuento leíste que el narrador había reemplazado la chicha con "una buena medida de vinagre". De sus comentarios al probar la chicha, sabemos la reacción de todos al contenido de la botella. ¿Se dieron cuenta el padre y los invitados del cambio?   ☐ Sí   ☐ No

❶ ¿Cómo describieron los invitados la bebida?

_____

_____

❷ ¿Cómo reaccionó el hermano recién llegado?

_____

❸ ¿Cómo reaccionó el narrador?

_____

N. Lee hasta el final del cuento. Algunos de los invitados querían un poquito más de la chicha.

❶ Según el padre, ¿había más?   ☐ Sí   ☐ No

❷ ¿Qué propuso el narrador?

_____

_____

❸ ¿Cómo recibieron la propuesta los invitados? ¿Y el padre?

  a. los invitados: ☐ con mucho gusto   ☐ no les gustó nada

  b. el padre: ☐ con mucho gusto   ☐ no le gustó nada

❹ ¿Cómo recibieron todos la segunda botella, es decir, la pipa de la chicha vieja?

  ☐ con mucho gusto   ☐ no les gustó nada

❺ ¿Qué le pasó al narrador? ¿Y a la pipa de chicha vieja?

  (al narrador) _____

_____

  (a la pipa de chicha vieja) _____

_____

O. Lee otra vez el cuento pensando en lo que pasó a la chicha y al vinagre. ¿Es un ejemplo de la magia o hay otra explicación?

_____

_____

_____

_____

Después de leer

A. En grupos de tres o cuatro, hablen de los siguientes temas:

❶ Nunca se dice el nombre del narrador de este cuento.

  a. ¿Importa mucho no saber su nombre? ¿Por qué sí o no?

b. ¿Qué se sabe del narrador? Descríbanlo.

_____

_____

_____

_____

_____

2 ¿Por qué a todos les gustó el vinagre en la vieja botella y no les gustó nada la chicha norteña en la pipa?

_____

_____

_____

_____

_____

B. En una hoja aparte, diseñen un anuncio comerical que pueda aparecer en una revista o periódico para alabar la calidad y cualidad de una botella de chicha vieja.

C. A solas, en una hoja aparte, escribe una composición de 15 a 20 frases sobre una ocasión muy importante de tu vida.

Enlaces opcionales

1 Conecta el efecto de las apariencias que engañan en _La botella de chicha_ con _Más allá de las máscaras_ y _El dulce daño_.

2 Comenta y contrasta qué efecto tiene el enfocarse en un objeto en _La botella de chicha_ y en _Oda al tomate_.

3 Compara la celebración en _La botella de chicha_ con la de _Como agua para chocolate_.

Unidad Tres

Donde vivimos

A primera vista, el significado de la frase ''donde vivimos'' parece sencillo, evidente, fácil de entender. Al considerar la frase, encontraremos que es más complicada de lo que parece. En español, **vivimos** es un verbo que expresa el presente tanto como el pretérito. Se puede usar este verbo para hablar del sitio en que habitamos en estos momentos y también para describir un sitio en el que habitamos en el pasado. Además de ambigüedad del tiempo podemos cuestionar a quiénes se refiere **vivimos**. ¿Quiénes somos nosotros? En las selecciones de esta unidad, veremos que **nosotros** se refiere a personas que describen el sitio donde nacieron y también a personas que hablan de una residencia adoptada o un lugar ficticio.

Nosotros, los lectores, también estamos incluídos en el grupo que describe el verbo **vivimos**. Mientras aprendemos de las residencias permanentes, adoptadas, reales o ficticias de los autores, exploramos las características y los sentimientos que tenemos hacia el lugar particular y el mundo en general en que todos vivimos.

La segunda carta de relación (fragmento sobre Tenochtitlán)

BIO: Hernán Cortés (1485–1547)

HERNÁN CORTÉS, *conquistador español, cursó estudios de derecho en Salamanca antes de embarcarse hacia las Indias. Primero se estableció en La Española, lo que hoy es la República Dominicana; también intervino en la conquista de Cuba. Con once naves, 500 soldados y 100 marineros salió de Cuba para lo que actualmente es México. Tocó en Cozumel, luego en Tabasco y por fin fundó la ciudad de Veracruz en la costa. Al emprender la marcha hacia la Ciudad de México, hizo alianza con los cempoaltecas y los tlaxcaltecas, enemigos de Moctezuma. Llegó a la capital del Imperio Azteca el 8 de noviembre de 1519. Después de dos años de relaciones tenues con el emperador azteca, en 1521, Cortés conquistó la ciudad con la ayuda de tribus enemigas. Por consiguiente, Carlos I, rey de España, le nombró gobernador y capitán general de la Nueva España.**

Antes de leer

A. Los aztecas se habían desarrollado una civilización sofisticada en México cuando llegaron los españoles en 1519. Procediendo del

---

*Carlos, hijo de Felipe el Hermoso y Juana la Loca, se Coronó Carlos I, rey de España en 1516 y también Carlos V, emperador germánico del Sacro Imperio Romano en 1519.

norte tras una peregrinación larga, los aztecas invadieron el valle de México donde fundaron la ciudad de Tenochtitlán en 1325. Por su espíritu guerrero consiguieron construir un poderoso y extenso imperio. Gobernada por una monarquía elegida, la sociedad azteca estaba dividida en grupos familiares que trabajan sus tierras en común, en un *calpúlli* o barrio de personas que se diferenciaba entre clases de nobles, sacerdotes, pueblo, comerciantes y esclavos. La economía estaba basada en la agricultura; cultivaban maíz, frijol, cacao, maguey y algodón. Marcaban el tiempo con dos calendarios, uno astronómico y otro litúrico y adivinatorio. Su arte, heredado de los toltecas, floreció en música, danza, pintura, poesía, arquitectura, escultura y joyería.

La cultura azteca	Tenochtitlán

❶ En grupos de tres o cuatro, escriban toda la información que sepan de la cultura azteca.

❷ Ahora, escriban una lista de datos que sepan de la fundación de Tenochtitlán, es decir, la ciudad que los aztecas fundaron en el mismo lugar donde está la Ciudad de México actual.

❸ Miren el escudo que lleva la bandera mexicana en la página anterior. La imagen del águila y la serpiente está en el centro. Según la leyenda, el dios de guerra, Huitzilopochtli, les expulsaron de donde vivieron. Cuando los aztecas vinieron del norte buscando donde establecerse, descubrieron la señal que buscaban, un águila parada encima de un cacto. En ese mismo lugar construyeron la ciudad de Tenochtitlán, donde hoy en día se encuentra la Ciudad de México.

B. ¿Qué saben de la conquista de los aztecas por los españoles? Identifiquen a las siguientes personas escribiendo la letra de la descripción correcta al lado de su nombre.

_____ 1. Hernán Cortés

_____ 2. Moctezuma

_____ 3. Malinche

a. También conocida como Doña Marina. Era una indígena de Yucatán que servía de intérprete y consejera de Hernán Cortés, con quien tuvo un hijo, Martín Cortés.

b. Conquistador español que, después de intervenir en la

conquista de Cuba, hizo una expedición a México. Fundó la ciudad de Veracruz. En un intento de apaciguar a los indígenas, fue a Tenochtitlán. Allí, en 1520, fue herido en batalla y decidió abandonar la ciudad. Su retirada fue tan desastrosa que históricamente se la conoce como la Noche Triste. Más tarde organizó sus fuerzas para intentar de nuevo capturar la ciudad. Rodeó la ciudad durante 75 días cuando por fin apresó al emperador Cuauhtémoc en 1521.

c. El emperador de los aztecas de 1466 a 1520. Responsable de varias expediciones guerreras además de intentar conquistar la ciudad de Tlaxcala. En 1519 la llegada de los españoles puso fin a su autoridad. Murió herido por sus propios hombres sublevados contra los conquistadores e irritados por la sumisión del emperador.

3 La descripción de Tenochtitlán que vamos a leer viene de la segunda de *Las cartas de relación*, escritas por Hernán Cortés al Rey Carlos I de España para informarle sobre lo que estaba pasando en América. La mayoría de las veces Cortés se refiere al rey como Carlos V, Emperador, porque no solamente era Rey de España sino Emperador del Imperio Sacro Romano, un título que heredó de su padre, Felipe de Austria. El imperio comprendía lo que hoy es Austria, Alemania, Holanda, Bélgica y muchos de los países de Europa Central. La correspondencia entre el conquistador y el emperador fue publicada como una colección que contiene cinco cartas de relación con siete más compuestas entre los años 1519 y 1534. Como Cortés se dirige directamente al rey, lo llama "su alteza," y se refiere a sus soldados y a sí mismo como a los "vasallos" o súbditos del rey. También se refiere a los indígenas de México como vasallos porque los españoles consideraban todas esas tierras americanas parte del Imperio Español.

Dirígete a las actividades que acompañan la lectura y úsalas para guiarte por la lectura paso a paso.

Lectura

La segunda carta de relación (fragmento sobre Tenochtitlán)

Esta gran ciudad de Temixitan* está fundada en esta laguna salada, y desde la tierra firme hasta el cuerpo de la dicha ciudad, por cualquiera parte que quisieren entrar a ella, hay dos leguas. Tiene cuatro entradas, todas

5   de calzada hecha a mano, tan ancha como dos lanzas jinetas. Es tan grande la ciudad como Sevilla y Córdoba.** Son las calles de ella, digo las principales, muy anchas y muy derechas, y algunas de éstas y todas las demás son la mitad de tierra y por la otra mitad es agua, por la cual andan en sus canoas, y todas las calles de trecho a trecho están abiertas

10   por do atraviesa el agua de las unas a las otras, y en todas estas aberturas, que algunas son muy anchas, hay sus puentes de muy anchas y muy grandes vigas, juntas y recias y bien labradas, y tales, que por muchas de ellas pueden pasar diez de a caballo juntos a la par. Y viendo que si los naturales de esta ciudad quisiesen hacer alguna traición, te-

15   nían para ello mucho aparejo, por ser la dicha ciudad edificada de la manera que digo y quitadas las puentes de las entradas y salidas, nos podrían dejar morir de hambre sin que pudiésemos salir a la tierra; luego que entré en la dicha ciudad di mucha prisa en hacer cuatro bergatines, y los hice en muy breve tiempo, tales que podían echar tres-

20   cientos hombres en la tierra y llevar los caballos cada vez que quisiésemos.

    Tiene esta ciudad muchas plazas, donde hay continuo mercado y trato de comprar y vender. Tiene otra plaza tan grande como dos veces la ciudad de Salamanca,*** toda cercada de portales alrededor, donde

25   hay cotidianamente arriba de sesenta mil ánimas comprando y vendiendo; donde hay todos los géneros de mercadurías que en todas las tierras se hallan, así de mantenimientos como de vituallas, joyas de oro y plata, de plomo, de latón, de cobre, de estaño, de piedras, de huesos, de conchas, de caracoles y de plumas. Véndese cal, piedra, labrada y

30   por labrar de diversas maneras. Hay calle de caza donde venden todos

---

*En sus *Cartas de relación*, Cortés usa Temixitan para referirse a la ciudad de Tenochtitlán.

**Sevilla y Códoba son ciudades en el sur de España que servían de puertos para el comercio que venía de las Indias. En el tiempo que Cortés llegó a México, estas dos ciudades gozaban de una actividad comercial impresionante. En estos sitios urbanos se reunían los comerciantes de España y de los otros países mediterráneos. Sevilla era una de las ciudades mayores del siglo XVI, sólo superada por París y Nápoles.

***La Plaza Mayor de Salamanca tiene fama de ser la más bonita y arquitectónicamente perfecta de toda España.

los linajes de aves que hay en la tierra, así como gallinas, perdices, codornices, lavancos, dorales, zarcetas, tórtolas, palomas, pajaritos en cañuela, papagayos, búharos, águilas, halcones, gavilanes y cernícalos; y de algunas de estas aves de rapiña, venden los cueros con su pluma 35 y cabezas y pico y uñas.

Venden conejos, liebres venados, y perros pequeños, que crían para comer, castrados. Hay calle de herbolarios, donde hay todas las raíces y hierbas medicinales que en la tierra se hallan. Hay casas como de boticarios donde se venden las medicinas hechas, así potables como un- 40 güentos y emplastos. Hay casas como de barberos, donde lavan y rapan las cabezas. Hay casas donde dan de comer y beber por precio. Hay hombres como los que llaman en Castilla ganapanes, para traer cargas. Hay mucha leña, carbón, braseros de barro y esteras de muchas maneras para camas y otras más delgadas para asiento y esterar salas y cámaras. 45 Hay todas las maneras de verduras que se hallan, especialmente cebo- llas, puerros, ajos, mastuerzo, berros, borrajas, acederas y cardos y ta- garinas. Hay frutas de muchas maneras, en que hay cerezas, y ciruelas, que son semejables a las de España. Venden miel de abejas y cera y miel de cañas de maíz, que son tan melosas y dulces como las de azúcar, y 50 miel de unas plantas que llaman en las otras islas maguey, que es muy mejor que arrope, y de estas plantas hacen azúcar y vino, que asismismo venden. Hay a vender muchas maneras de hilados de algodón de todas colores en sus madejicas, que parece propiamente alcaicería de Granada en las sedas, aunque esto otro es en mucha más cantidad. Venden co- 55 lores para pintores, cuantos se pueden hallar en España, y de tan ex- celentes matices cuanto pueden ser. Venden cueros de venado con pelo y sin él: teñidos, blancos y de diversas colores. Venden mucha loza en gran manera muy buena, venden muchas vasijas de tinajas grandes y pequeñas, jarros, ollas, ladrillos y otras infinitas maneras de vasijas, 60 todas de singular barro; todas o las más, vidriadas y pintadas.

Venden mucho maíz en grano y en pan, lo cual hace mucha ventaja, así en el grano como en el sabor, a todo lo de las otras islas y tierra firme. Venden pasteles de aves y empanadas de pescado. Venden mucho pescado fresco y salado, crudo y guisado. Venden huevos de gallinas y 65 de ánsares, y de todas las otras aves que he dicho, en gran cantidad; venden tortillas de huevos hechas. Finalmente, que en los dichos mer- cados se venden todas cuantas cosas se hallan en toda la tierra, que demás de las que he dicho, son tantas y de tantas calidades, que por la prolijidad y por no me occurir tantas a la memoria, y aun por no saber 70 poner los nombres, no las expreso. Cada género de mercaduría se vende en su calle, sin que entremetan otra mercaduría ninguna, y en esto tienen mucha orden. Todo se vende por cuenta y medida, excepto que hasta ahora no se ha visto vender alguna por peso... ∎

A. Esta descripción de la ciudad del Imperio Azteca habla de todo con gran detalle. Aunque cada detalle describe la ciudad de aquel en- tonces, no hace falta saber qué son todos los objetos que menciona ni qué quieren decir todos los adjetivos que describen los objetos para darse una idea del contenido. Primero, es fácil adivinar más o menos qué son los objetos que no se reconozcan inmediatamente porque muchas veces forman parte de listas de frutas, de animales de caza, de tipos de loza, etc. En esos casos, sólo hace falta saber que es un ejemplo de la categoría. Además, hay muchos cognados, es decir, palabras que se parecen a palabras en inglés que tienen el mismo significado. Así que trata de leer la carta sin buscar palabras desconocidas en un diccionario. Sólo hace falta saber algunas palabras claves para entender la descripción de Cortés y para poder formar sus propias imágenes. Para hacer esto, la clase debe dividirse en cuatro grupos. Cada grupo debe leer un párrafo diferente.

❶ Después de leer su párrafo, discutan cuál es el mejor dibujo que pueden hacer para representar el contenido de lo que han leído.

❷ En una transparencia o en un papel, dibujen su representación del párrafo.

❸ Con la ayuda de un proyector, si es posible, présentenle su dibujo al resto de la clase.

   a. Primero, pídanles a los otros de la clase que expliquen lo que piensan que representa el dibujo.

   b. Después, explíquenle a la clase con sus propias palabras de qué trata lo que han leído en su párrafo.

B. El comienzo de la lectura habla de la situación de la ciudad en una laguna y de cómo los habitantes utilizan los canales y puentes para viajar de una parte a otra.

Modos de transporte de los aztecas	Modos de transporte de los españoles
_____	_____
_____	_____
_____	_____
_____	_____
_____	_____

❶ Trabajando en los mismos grupos, hagan una lista de los modos de transporte que utilizaban los habitantes de Tenochtitlán y otro de los que utilizaban los españoles.

❷ ¿Qué efecto tenían los diferentes modos de transporte en la conquista de la ciudad por los españoles? ¿Cómo afectaron la defensa de los nativos?

❸ Expliquen la importancia de los puentes en Tenochtitlán. ¿Cómo figuraban en la estrategia de la conquista y defensa de dicha ciudad?

C. De una manera u otra, los otros tres párrafos tratan de la ciudad como mercado.

❶ Piensen en las ciudades y pueblos de su estado o provincia. ¿Adónde va la gente para comprar? ¿Está el mercado, es decir el centro comerical, en el centro de la ciudad o en las afueras?

_____

_____

2 ¿Cuándo fueron fundados la ciudad o pueblo más cerca de donde viven ustedes? Históricamente, ¿dónde se situó el centro comercial de esa ciudad? ¿Sigue en el mismo lugar o ha cambiado?

Después de leer

A. Trabajando con otra persona del grupo en que estaban para explicar los párrafos, piensen otra vez en el párrafo que estudiaron en términos de colores. Mencionen el color de todos los objetos que reconozcan. ¿Hay algunos colores que predominen en su imagen de la ciudad? ¿Qué emociones evocan los colores que se mencionan?

B. ¿Cómo olía Tenochtitlán en los tiempos de Cortés y Moctezuma? Después de leer la descripción de Cortés, tienen una idea de todo lo que se vendía en los mercados. ¿Qué olores predominarían? Usando la imaginación, discutan cómo debía oler Tenochtitlán en el siglo XVI.

C. A solas, imagina que acompañas a Cortés en su primer paseo por la ciudad. Date cuenta que serías europeo(a) y habría mucho que ver por primera vez. ¿Qué aspecto de la ciudad impresiona más? Escribe una carta a tu familia en España identificando lo que más te llama la atención. Descríbelo con mucho detalle para hacerle entender a tu familia cómo es.

Enlaces opcionales

1 A pesar de que la historia de la novela *Como agua para chocolate* tiene lugar al principio del siglo XX, algunos de los mismos alimentos mencionados en la carta de relación de Cortés también aparecen en la novela. ¿Cuál es la función de la comida y los alimentos en cada texto?

2 En **Antes de leer** hicieron una lista de toda la información que sabían de Tenochtitlán y la conquista de México. Si quieren saber más busquen Tenochtitlán, Aztecs, Quetzalcóatl y Cortés en el Internet.

3 Ambos Hernán Cortés y Federico García Lorca eran españoles que vinieron a las Américas y escribieron sus impresiones de lo que encontraron. Cortés le escribió una carta a su rey en el siglo XVI mientras que García Lorca compuso poesía para explicar su experiencia en Nueva York en el siglo XX. Después de revisar los dos textos, compárenlos, explicando cómo un extranjero europeo describe un lugar desconocido. Hablen de las semejanzas y las diferencias de los dos textos.

Selección 2

La aurora

BIO: Federico García Lorca (1898–1936)

FEDERICO GARCÍA LORCA *nació en un pueblo de Andalucía en el sur de España y estudió en las Universidades de Granada y Madrid. En la capital conoció a figuras literarias y artísticas muy importantes de la época. Él mismo fue pintor, pianista, poeta y dramaturgo. Viajó por España con un grupo universitario teatral que se llamaba La Barraca; también fue por otras partes de Europa y los Estados Unidos. Cursó estudios en Columbia University, donde escribió **Poeta en Nueva York**, la colección de donde viene esta selección. Por lo general en su poesía se destacan la atracción por el ambiente andaluz y el interés por el folklore; sin embargo, los poemas que describen la deshumanización de la Nueva York del derrumbe financiero de 1929 hacen gran contraste con sus poemas típicos de tema campestre. Sus obras dramáticas **Bodas de sangre**, **Yerma** y **La casa de Bernarda Alba** tuvieron gran éxito. García Lorca fue asesinado al principio de la Guerra Civil Española y así fue convertido en un símbolo de las víctimas del fascismo.*

Antes de leer

A. Todo el mundo tiene sus propias impresiones de Nueva York tanto si haya estado o no en la ciudad. ¿Cómo recibimos estas impresiones? ¿De dónde vienen nuestras imágenes si somos de este país o de otro? Pregúntales a cinco compañeros de clase cuál es la imagen que mejor representa la ciudad.

Nombre	Imagen que mejor representa a Nueva York

B. Con otra persona, imagínense que van a escribir un poema sobre Nueva York. ¿Qué imágenes incluirían? Aquí hagan una lista de cinco que pondrían en su poema.

_____

_____

_____

❶ Desarrollen un poco las cinco imágenes usando adjetivos, adverbios, metáforas y otros recursos poéticos.

Ejemplo: *Estatua de la Libertad—la mujer más reconocida de los Estados Unidos*

_____

_____

_____

_____

_____

❷ ¿Qué emociones les gustaría provocar en los lectores imaginarios? ¿la alegría, la tristeza, la celebración?

_____

C. En grupos de cuatro o cinco, hagan las actividades siguientes para advinar de lo que trate el poema antes de leerlo.

❶ El título del poema es "La aurora". Sabiendo que *aurora* significa *alba*, es decir, *amanecer*, o *salida del sol por la mañana*, ¿qué creen que este poema va a describir? En una hoja aparte, hagan una lista de sus ideas.

❷ Su profesor(a) va a distribuirle un verso diferente a cada persona del grupo. Cada grupo puede recibir los mismos cuatro o cinco versos claves, o cada persona de la clase puede recibir un verso diferente, dependiendo de lo que decida su profesor(a).

❸ Sin consultar un diccionario para buscar las palabras que no sepan, cada persona debe leer su verso a los otros del grupo.

❹ Después de haber oído cuatro o cinco versos del poema, estarán mejor informados. Discutan las ideas que tengan ahora sobre el contenido del poema y agréguenlas a la lista que hicieron en número 1.

D. Aquí tienen una lista de palabras o frases del poema que puedan ser difíciles de entender. Busquen las palabras de la columna de la izquierda en el poema y léanlas en su contexto. Sin usar un diccionario, busquen una definición adecuada en la columna de la derecha.

_____ 1. aristas

_____ 2. cieno

_____ 3. chapotean (chapotear)

_____ 4. podrido(a)

_____ 5. gime (gemir)

_____ 6. nardos

_____ 7. enjambres

_____ 8. taladran (taladrar)

_____ 9. sudores (sudor)

_____ 10. sepultada(o)

_____ 11. cadena

_____ 12. impúdico reto

_____ 13. insomnes

_____ 14. naufragio

a. conjunto de eslabones conectados; generalmente de metal

b. lodo, fango, tierra húmeda que se deposita en aguas estancadas

c. golpear el agua para que salpique

d. grupos de abejas que vuelan juntas

e. expresar dolor con sonidos quejosos

f. provocación o desafío inmoral

g. que no duermen

h. flores blancas comunes en los prados

i. pérdida o ruina completa de un barco en el mar

j. completamente pasado; la fruta se madura hasta el punto de estar mala

k. enterrada, puesta bajo de tierra

l. humedad que sale por los poros de la piel

m. penetrar, figurativamente puede significar estafar, robar engañando

n. espinas en una planta

e. Después de familiarizarse sólo con el vocabulario, hagan comentarios aun más específicos de lo que creen que va a hablar el poema.

❶ Generalmente, ¿qué representa la imagen del alba o la aurora? ¿Normalmente tiene una representación optimista o pesimista? Expliquen brevemente su respuesta.

_____

❷ ¿Va a ser o optimista pesimista este poema?
☐ optimista   ☐ pesimista

_____

3 Den información para apoyar sus opiniones.

_____

_____

_____

Dirígete a las activades que acompañan el poema para guiarte por la lectura paso a paso.

La aurora

La aurora de Nueva York tiene
cuatro columnas de cieno
y un huracán de negras palomas
que chapotean las aguas podridas.

La aurora de Nueva York gime
por las inmensas escaleras
buscando entre las aristas
nardos de angustia dibujada.

La aurora llega y nadie la recibe en su boca
porque allí no hay mañana ni esperanza posible.
A veces las monedas en enjambres furiosos
taladran y devoran abandonados niños.

Los primeros que salen comprenden con sus huesos
que no habrá paraíso ni amores deshojados;
saben que van al cieno de números y leyes,
a los juegos sin arte, a sudores sin fruto.

La luz es sepultada por cadenas y ruidos
en impúdico reto de ciencia sin raíces.
Por los barrios hay gentes que vacilan insomnes
como recién salidas de un naufragio de sangre.

La Gran Depresión, Nueva York, 1930.

A. Lee la primera estrofa, es decir, los cuatro primeros versos. Habla de cieno, aguas podridas y palomas negras. ¿Qué colores o tonos predominan?

_____

B. Lee la segunda estrofa.

❶ ¿Qué oyes? ¿un animal, unas máquinas? Para ti, ¿cómo suena Nueva York cuando gime?

_____

❷ Si nardos son flores blancas típicamente del campo, para ti, ¿qué quiere decir "buscando entre las aristas nardos de angustia" en la ciudad?

_____

C. Lee la tercera y la cuarta estrofas.

❶ ¿Sabes que hay una diferencia entre _la mañana_ y _el mañana_? _La mañana_ se refiere a _la primera parte del día_, antes del mediodía, mientras _el mañana_ se refiere al _futuro_. Aquí _mañana_ no aparece con artículo. En tu opinión, ¿se refiere a _la mañana_ o _el mañana_? Explica tu respuesta.

_____

❷ Según la información de estas dos estrofas, ¿por qué no hay mañana?

_____

_____

_____

❸ ¿Cómo puedes explicar los versos "A veces las monedas en enjambres furiosos taladran y devoran abandonados niños"? ¿Cómo pueden tener acceso a mucho dinero los niños abandonados? Explica en una o dos oraciones cómo el dinero puede _engañar_ y _devorar_ a los niños.

_____

_____

_____

D. Después de leer la última estrofa, compárala con la primera.

❶ Considerando que el poema habla de la aurora, explica en dos o tres oraciones la falta de luz.

_____

_____

_____

ironía-una situación que da a entender lo contrario de lo que normalmente significa

❷ En una hoja aparte, escribe un párrafo de siete u ocho oraciones que describa la ironía entre la imagen común de *la aurora* y la descripción de Nueva York en este poema. Usa palabras, frases, versos y otra información del poema para apoyar lo que tú encuentras irónico en el título y el contenido.

Después de leer

A. Lean otra vez la nota biográfica de García Lorca. Sabiendo que la colección de poesía en que está incluída "La aurora" fue escrita entre los años 1929 y 1930, recordamos que los Estados Unidos sufría la Gran Depresión después del derrumbe de la bolsa el 29 de octubre de 1929. En grupos de cuatro o cinco, discutan cómo el momento histórico podía afectar la impresión que García Lorca recibió de Nueva York. ¿Creen que pudo haber otros factores que afectaron la impresión del poeta? Por ejemplo, ¿creen que sufrió un choque de culturas? Usando la información de la nota biográfica, en una hoja aparte, hagan una lista de posibles factores históricos o personales que creen que afectaron al poeta cuando describió a Nueva York.

B. ¿Cuáles son algunas imágenes populares de Nueva York? Hagan una lista de las imágenes positivas y otra de las negativas.

Positivas	Negativas

C. ¿Cuáles son las características que tiene una ciudad ideal? En una hoja aparte, escribe una composición de 150 a 200 palabras que describa la ciudad de tus sueños. Usando las listas que acaban de escribir, puedes mencionar los aspectos positivos que tendría y los negativos que no tendría. Además puedes incluir dónde estaría situada (en una isla, en las montañas, en la costa, en los trópicos) y cómo sería el clima. ¡No te olvides de darle un nombre! Empieza la composición así:

(Nombre de la ciudad), mi ciudad ideal, estaría en...

Enlaces opcionales

❶ Con otra persona, diseñen un anuncio para turistas hispanohablantes de la ciudad donde viven, o elijan una ciudad que conozcan. El anuncio debe incluir: (1) un dibujo, una foto o la descripción de un monumento o una perspectiva importante de la ciudad; (2) una lista de actividades para turistas; (3) una lista de hoteles; (4) una lista de buenos restaurantes y (5) una descripción del clima.

❷ Una ciudad como Nueva York tiene una gran variedad culinaria. Repasa los cafés y los restaurantes que has visitado por medio de la palabra en "Temas gastronómicos" y piensa en tus propias experiencias para desarrollar en una composición, un ensayo o un poema el tema de la comida en la ciudad.

❸ Compara la descripción de Nueva York en "La aurora" con la de Buenos Aires en "Vanilocuencia". Menciona las semejanzas y diferencias.

Selección 3
Nota biográfica

BIO: Gloria Fuertes (1918–)

Más que española, *algunos críticos dirán que GLORIA FUERTES es pura madrileña; en sus versos se ríe y llora a la manera típica de los nativos de la capital española. Cuentista, poeta, y archivera bibliotecaria, sus primeros cuentos y poemas infantiles se publicaron en 1940, y ha estado en plena producción poética desde aquella época. Su lenguaje es coloquial, directo, auténtico y más hablado que literario. El sano humor frente a muchos temas domina sus obras. En sus poemas, el tema autobiográfico con alusiones a sucesos históricos aparece con frecuencia. Esta selección, "Nota biográfica," escrita en 1950, habla de la influencia que tenía la Guerra Civil Española en su vida.*

Antes de leer

A. Luis Martín-Santos,* novelista español, escribió que el hombre es la ciudad y la ciudad es el hombre. Hay una estrecha relación entre el hombre y sus alrededores, lo que se ha comentado mucho. En grupos de cuatro o cinco, discutan las preguntas siguientes:

❶ ¿Dónde viven ustedes? Vivimos en ☐ el campo ☐ la ciudad ☐ un pueblo ☐ un suburbio

❷ ¿Qué efecto tiene en ustedes el lugar donde viven? ¿Qué oportunidades de cultura y educación les provee? ¿Tienen acceso a los animales, los parques y la naturaleza? ¿Qué oportunidades les faltan?

❸ Si tuvieran que escribir una nota biográfica sobre su vida, ¿cómo describirían el sitio donde viven? En una hoja aparte, escriban un párrafo de tres o cuatro oraciones que describa el lugar donde viven. Cada grupo puede leer su párrafo a la clase para ver si todos han incluído la misma información o información diferente.

---

*Luis Martín-Santos (1924–1964) es un escritor español conocido por su novela *Tiempo de silencio*, que explora las entrañas de la sociedad madrileña del otoño de 1949.

4 ¿Dónde les gustaría vivir en el futuro? En un papelito, cada miembro del grupo debe escribir dónde vivirá en diez años, doblar el papel y entregarlo a una persona designada por el grupo. Después de mezclar los papeles, cada persona escogerá una de las predicciones y la leerá para que los otros adivinen de quién es.

B. Ahora, a solas, al pensar en tu propia vida, ¿puedes mencionar algunos sucesos importantes de tu vida y el año en que ocurrieron?

1 En una hoja aparte, escribe un esquema de tu vida que incluya, por lo menos, cinco sucesos importantes, dónde vivías o estabas en ese momento y (cuántos años tenías).

Ejemplo:

empecé a aprender a tocar el piano en Springfield

5 años

2 Ahora, completa el siguiente diagrama con más información sobre los cinco sucesos más importantes de tu vida. Sigue el modelo.

Suceso	Edad	Dónde vivía/Dónde pasó	¿Me afectó el lugar donde vivía?
Empecé a aprender a tocar el piano	5 años	en la casa en la Calle Maple de Springfield, donde vivimos ahora	Sí, porque mis padres me compraron el piano cuando nos mudamos a la casa. Antes vivíamos en un apartamento.

Dirígete a las actividades que acompañan el poema para guiarte por la lectura paso a paso.

Gloria Fuertes nació en Madrid
a los dos días de edad,
pues fue muy laborioso el parto de mi madre
que si se descuida se muere por vivirme.
5 A los tres años ya sabía leer
y a los seis ya sabía mis labores.
Yo era buena y delgada,
alta y algo enferma.
A los nueve me pilló un carro
10 a los catorce me pilló la guerra;
a los quince se murió mi madre, se fue cuando más falta me hacía.
Aprendí a regatear en las tiendas
y a ir a los pueblos por zanahorias.
Por entonces empecé con los amores,
15 —no digo nombres—,
gracias a eso, pude sobrellevar mi juventud de barrio.
Quise ir a la guerra, para pararla,
pero me detuvieron a mitad de camino.
Luego me salió una oficina,
20 donde trabajo como si fuera tonta,
—pero Dios y el botones saben que no lo soy—.
Escribo por las noches
y voy al campo mucho.
Todos los míos han muerto hace años

Madrid, España

25 y estoy más sola que yo misma.
     He publicado versos en todos los calendarios,
     escribo en un periódico de niños, y quiero
     comprarme a plazos una flor natural
     como las que le dan a Pemán algunas veces.

A. Dando un vistazo rápido al poema, subraya todos los verbos. ¿Sabes lo que significan todos? Si no, léelos en su contexto a ver si puedes adivinar lo que quieren decir. Elige la letra de la definición que corresponde a cada verbo a frase verbal del poema, y escríbela en la columna de la izquierda.

_____ 1. pillar   a. soportar con resignación

_____ 2. regatear   b. coger, agarrar

_____ 3. sobrellevar   c. pagar poco a poco

_____ 4. comprar a   d. discutir el precio de una cosa
             plazos   en venta

B. En el poema la autora menciona momentos en su vida que son importantes. Lee el poema y completa este esquema de la vida de Gloria Fuertes.

si se descuida su madre se muere por vivir ella

2 días	3 años	6 años	9 años	15 años

C. ¿Cómo era Gloria de niña?

❶ En dos o tres oraciones, describe su apariencia física y su carácter.

_____

_____

_____

❷ A continuación escribe tu reacción a la niñez de Gloria. ¿Era una niña típica?

_____

_____

_____

D. Tiempo lineal.

❶ ¿De qué época de su vida tratan los versos 1–4 del poema?

_____

Answers: 1. b 2. d 3. a 4. c

❷ Después, en los versos 5–8 la autora describe otra época de su vida, ¿cuál es? _____

❸ Si ella escribió el poema en 1950, ¿cuántos años tenía cuando lo escribió? _____

E. Cuando uno estudia literatura, a veces ayuda estudiar los momentos históricos mencionados para entender mejor una obra literaria. Al explorar la referencia histórica en el poema, *Nota biográfica*, Fuertes menciona la guerra que ocurrió cuando era joven. ¿A qué guerra se refiere? Si no lo sabes, repasa la información al pie de esta página.* ¿Cómo afectan las guerras las ciudades? ¿a las personas?

F. Sabemos que Fuertes nació y vivió en Madrid. El poema habla de su "juventud de barrio", o sea, un barrio de Madrid. Menciona tres actividades que hacía de joven, es decir, después de que cumplió quince años.

❶ _____

❷ _____

❸ _____

G. Una técnica de Fuertes es utilizar asociaciones inesperadas. Llama la atención que "Dios y el botones" saben que ella no es tonta. Un *botones* puede ser la *persona que lleva las maletas en un hotel*, o en este caso, es el *mensajero en una oficina* que lleva recados, documentos y cartas de una oficina a otra y que conoce a todos los que trabajan allí. Considerando esta información, ¿qué significa la yuxtaposición de "Dios y el botones" para ti?

_____

_____

_____

H. Estudiando la última parte del poema, (versos 12–29), ¿cuál parecía ser el destino de las mujeres que escribían en aquella época?

❶ Explica cómo la vida de Gloria Fuertes puede ser una metáfora de la vida de una mujer española de su época. ¿Puede esta escritora representar a todas las mujeres españolas, a las que escribían, a las que vivían en las ciudades y a las que vivían en el campo?

_____

_____

---

*En España había una guerra civil entre 1936 y 1939. Después de tomar Madrid y finalmente Barcelona, los nacionalistas ganaron y nombraron uno de sus generales, Francisco Franco, Jefe de Estado. La dictadura de Franco duró 36 años hasta su muerte en 1975.

❷ Explica cómo la vida de Gloria Fuertes puede ser una metáfora de la vida de mujeres que vivían en otros países durante los años 1935 a 1950.

_____

_____

I. Reconocido en el mundo académico-literario y por el gobierno español, José María Pemán (1898–1981) era un gran pensador y poeta español durante la época en que Gloria Fuertes escribió el poema. ¿Por qué quiere ella una de las flores naturales que se menciona al final del poema?

_____

_____

J. Aunque el poema no describe a Madrid directamente, al leerlo, aprendemos algo de la vida allí. Si es verdad que hay una estrecha relación entre las personas y la ciudad, ¿qué observaciones puedes hacer de la vida en Madríd? Escribe tres o cuatro oraciones que describan la ciudad según lo que tú has leído en este poema.

_____

_____

_____

_____

Después de leer

A. Elige una ciudad o un pueblo. Luego inventa asociaciones o analogías inesperadas y originales para describir ese lugar.

Pensando en (ciudad) _Miami_

si fuera animal sería _dragón_ _____

si fuera una bebida sería _____

si fuera una fruta sería _____

si fuera una estación sería _____

si fuera un estilo sería _____

si fuera una canción sería _____

si fuera una idea sería _____

si fuera una semilla sería _____

si fuera un olor sería _____

B. Acabas de hacer un ejercicio para estimular nuevas o diferentes maneras de ver una ciudad o un pueblo ya conocido. Inventaste nuevas metáforas, ¿no? En una hoja aparte, escribe un poema o un párrafo dedicado al lugar que elegiste. Después, tu profesor(a) eligirá algunas descripciones para leer a la clase sin mencionar el nombre del sitio que describe cada una. La clase tendrá que adivinarlo.

Enlaces opcionales

❶ Elige una ciudad o un lugar en otro país. Usa el Internet para buscar información sobre ese sitio. Según la información que encuentres, habla de cómo habría sido diferente tu vida si hubieras nacido y vivido en ese sitio. Puedes empezar con las siguientes palabras.

Si yo hubiera nacido y vivido en _____ *, yo hablaría...*

Si empiezas de esta manera, debes expresar el resto de tus ideas en el condicional.

❷ El poema de Gloria Fuertes habla del Madrid de la Guerra Civil Española mientras que el poema de Federico García Lorca habla de la Nueva York de los años de la Gran Depresión. Elige otra época histórica, y piensa en cómo sería diferente tu vida en otro momento histórico viviendo donde vives ahora.

❸ Con otros compañeros de clase, hagan una lista de películas que traten de sucesos históricos (guerras, biografías, épicas de familia). Mencionen el efecto que el lugar (la ciudad, el campo, el paisaje) tiene sobre el suceso.

❹ Con otros compañeros de clase, comparen los años de formación de Gloria Fuertes con la juventud de la madre de Cherríe Moraga en el ensayo *La güera*. Consideren cuando vivían, dónde vivían, cómo les afectó el sitio donde vivían y cómo se ganaban la vida. ¿Qué semejanzas hay en sus vidas? ¿Cómo son diferentes?

Selección 4
Vanilocuencia y EcoHumor

BIO: Jorge Luis Borges (1899–1986)

JORGE LUIS BORGES *nació en Buenos Aires. Estudió allí y también en Suiza e Inglaterra, y enseñó literatura inglesa en la Universidad de Buenos Aires. Preeminente entre los escritores de lengua castellana, es cuentista, crítico, poeta y ensayista. Poco dispuesto a reconocer una sola verdad, se burla de los sistemas humanos que tratan de explicar matemática, científica y filosóficamente la realidad. Maestro de los recursos literarios, como la metáfora, explica, de manera a la vez lógica y absurda, un mundo inexplicable. El poema "Vanilocuencia" está incluído en la colección* **Fervor de Buenos Aires,** *que fue publicado en 1923.*

Antes de leer

A. Piensa en tu ciudad o en la ciudad más grande del estado o la provincia donde vives ahora. Cada ciudad tiene sus "glorias" y sus "dolores". Es decir que todas las ciudades tienen sus aspectos positivos y negativos, agradables y desagradables. Entrevista a cinco compañeros de clase para averiguar cuáles son las glorias y los dolores de la ciudad, el pueblo o el lugar donde viven Uds.

Glorias	Dolores

B. Muchas veces los poetas hablan de una cosa como si fuera una persona. Por ejemplo, las calles y las casas de Borges "gritarán su novedad". Por supuesto, las calles y las casas no tienen boca. ¿Sabes cómo se llama este uso literario?

_____

C. La nota biográfica nos informa que el poema que vamos a leer es de una colección que se llama *Fervor de Buenos Aires*. *Fervor* significa *entusiasmo*, *ardor* y *pasión*. Considerando el título de esta colección, en tu opinión, ¿cómo va a ser la descripción de Buenos Aires en este poema?

☐ Va a describir las glorias de Buenos Aires.

☐ Va a describir los dolores de Buenos Aires.

Dirígete a las actividades que acompañan el poema para guiarte por la lectura paso a paso.

Vanilocuencia

La ciudad está en mí como un poema
que no he logrado detener en palabras.
A un lado hay la excepción de algunos versos;
al otro, arrinconándolos,
5 la vida se adelanta sobre el tiempo,
como terror
que usurpa toda el alma.
Siempre hay otros ocasos, otra gloria;
yo siento la fatiga del espejo
10 que no descansa en una imagen sola.
¿Para qué esta porfía
de clavar con dolor un claro verso
de pie como una lanza sobre el tiempo
si mi calle, mi casa,
15 desdeñosas de símbolos verbales,
me gritarán su novedad, mañana?
Nuevas
como una boca no besada.

A. A solas, considera el título, "Vanilocuencia". Quiere decir *verbosidad*, *palabrería* o *exceso de palabras*.

❶ Piensa en otro título apropiado para el poema.

Buenos Aires, Argentina

2 ¿Cómo crees que el título se relaciona con el poema?

_____

B. Lee los primeros dos versos. _Lograr_ quiere decir _tener éxito_ y _detener_ aquí tiene el sentido figurativo de _capturar_.

1 ¿Qué no ha capturado Borges?

_____

_____

2 ¿Por qué sería eso tan difícil?

_____

_____

C. Echa un vistazo a los versos 3–7.

1 Primero, en el verso 4, considera la palabra _arrinconándolos_ en su contexto. Aunque es una palabra larga y complicada, contiene un sustantivo común, _rincón_. Sabiendo que _arrinconando_ es del verbo _arrinconar_, más _los_, que se refiere a los versos, ¿puedes imaginarte los versos de un poema atrapados en un rincón? Lee los versos con cuidado para averiguar qué ha arrinconado los versos y cómo.

2 Los versos 5–7 describen acciones que toma la vida. En el verso 5 "la vida se _adelanta_ sobre el tiempo", es decir, que la vida _marcha, avanza_ sobre el tiempo. Los versos 6 y 7 contienen un símil de la vida: es "como terror que _usurpa_ el alma". Este símil compara la vida con el terror que _roba, capta,_ o _consume_ el alma.

símil-comparación de un objeto con otro distinto usando, casi siempre, _como_ para dar una impresión más viva de uno de los objetos

3 Puesto que estas frases líricas describen "versos" que "se detienen" y la "vida" que "se adelanta" y "usurpa," ¿utiliza el poeta ideas concretas o figurativas? ☐ concretas ☐ figurativas

4 ¿Crees que va a seguir una descripción física de Buenos Aires? ¿Por qué?

_____

_____

D. El verso 8 menciona los _ocasos_ o _las puestas del sol_. ¿Qué puede ser la _otra gloria_?

E. Teniendo en cuenta que _la vida se adelanta_, qué quieren decir los versos 9 y 10? ¿Por qué no se fija el espejo en una imagen sola?

_____

_____

metáfora-traslación del sentido literal de una palabra a otro simbólico o figurado

F. En los versos 11–16 Borges critica la _porfía_, es decir la _persistencia_ o la _obstinación_ de describir con solamente un verso una ciudad que cambia constantemente. Para hacer esto, el poeta emplea una metáfora y un símil.

❶ Sabiendo que un *clavo* es una *pieza metálica, con cabeza y punta*, y que una *lanza* es un *arma* que tiene cognado en inglés, dibuja en el margen lo que te sugieren la metáfora "clavar con dolor un claro verso" y el símil "de pie como una lanza", que emplea el poeta en los versos 12 y 13.

❷ ¿Por qué crees que sería con dolor y no con alegría que el poeta fijara en verso sólo la ciudad?

_____

_____

_____

G. En los últimos versos el poeta personifica dos sitios que conoce muy bien: su calle y su casa.

> **personificación**-dar características humanas a un objeto inanimado

❶ *Desdeñoso* es un adjetivo que quiere decir *con desdén* o *menosprecio*. ¿Cómo expresa una persona el desdén?

_____

❷ Borges da a su calle y a su casa la capacidad de mostrar el desdén para los "símbolos verbales". Escribe una palabra para "símbolos verbales". _____

❼ ¿Qué otra habilidad les da el poeta a su calle y a su casa?

_____

❹ Al ponerse el sol, ¿qué imagen tienes tú de la calle y la casa?

_____

H. Recordando los versos del poema y también su título, contesta las siguientes preguntas para hacer un resumen del poema.

❶ Escribe una frase que revele la idea más importante de este poema.

_____

❷ En tu opinión, según este poema, ¿cuáles son la gloria y el dolor que describe Borges?

Gloria: _____

Dolor: _____

Antes de leer

A. ¿Hay un sitio ideal donde vivir? ¿Dónde harías tu vida si pudieras elegir cualquier sitio? ¿Elegirías la ciudad, el campo, la costa o las montañas? ¿Te gustaría un lugar donde hay un cambio de estaciones o donde hace sol y calor todo el año? ¿Por qué?

❶ Entrevista a cinco miembros de la clase para averiguar la siguiente información.

Nombre	Sitio ideal para vivir	¿Por qué?
_____	_____	_____
_____	_____	_____
_____	_____	_____
_____	_____	_____
_____	_____	_____

2 Ahora, con toda la clase, analicen la información que colectaron.

a. ¿Cuántas personas nombraron un sitio específico con nombre (California, Chicago, etc.)?_____

b. ¿Cuántas personas mencionaron un sitio general, sin nombre (un pueblo, en la playa, etc.)?_____

c. ¿Cuántas personas pusieron el nombre de la ciudad o pueblo donde viven ahora?_____

3 Basándose en las respuestas de las preguntas anteriores, saquen una conclusión sobre dónde desean vivir los miembros de la clase.

☐ Están contentos con el sitio donde viven.

☐ Saben dónde quieren vivir, pero no es donde viven ahora.

☐ No saben exactamente dónde quieren vivir, pero piensan en lugares ideales.

B. De las personas que mencionaron un sitio general, es decir, que no dieron ningún nombre, ¿cuántos de los sitios que mencionaron comparten algunas características con el sitio donde viven? (Por ejemplo, si Uds. viven en Denver, y una persona dice que quiere vivir en las montañas, y otra dice que le gusta un cambio de estaciones, pueden considerar estas características como unas que tiene el sitio donde viven.)

Dirígete a las actividades que acompañan la tira cómica y úsalas para guiarte paso a paso.

EcoHumor

© STAN EALES 1991; GRUP STREET, LONDON / EDICIONES SM, 1992, EL LIBRO DEL ECOHUMOR

A. Esta tira cómica no es un texto literario, pero la podemos analizar como si lo fuera.

❶ ¿Qué desea el hombre?

_____

❷ En tu opinión, ¿cuáles de los siguientes adjetivos mejor describen la situación de este hombre? ☐ cómica ☐ triste

☐ idealista ☐ pesimista ☐ irónica ☐ otra _____

B. En una hoja aparte, escribe un párrafo de tres o cuatro oraciones que describa la situación del hombre, usando los adjetivos que elegiste.

Después de leer

En grupos de tres o cuatro personas, discutan los temas siguientes:

A. ¿Es difícil entender la tira cómica "EcoHumor"? ¿Por qué?

❶ Cada persona del grupo debe leerles a los otros miembros del grupo el párrafo que escribió para la Actividad B de **Lectura** arriba.

❷ Eligieron todos los mismos adjetivos para describir la situación del hombre?

☐ Sí   ☐ No

❸ ¿Tienen todos los miembros del grupo la misma interpretación?

☐ Sí   ☐ No

B. ¿Es difícil comprender la poesía en general? ¿Por qué?

❶ Borges mismo dice que "toda poesía es misteriosa; nadie sabe del todo lo que le ha sido dado escribir.*" ¿Creen Uds. que Borges tiene razón? ¿Por qué?

❷ ¿Creen Uds. que esta cita sugiere que el lector tiene el derecho, o mejor dicho, la obligación, de darle su propia interpretación al poema, o que debe pensar solamente en lo que se puede encontrar en las palabras mismas del poeta?

C. Basándose en las ideas que notaron en la Actividad A de **Antes de leer** en la página 131, escriban cinco oraciones que describan los dolores o las glorias de la ciudad, el pueblo o el lugar donde viven.

❶ _____

❷ _____

❸ _____

❹ _____

❺ _____

D. Pensando en los versos de Borges, ¿pueden describir la ciudad de una manera más lírica, es decir, más expresiva y poética? Reformando las oraciones de la actividad anterior, escribe con ardor y emoción por lo menos una estrofa de poesía o un párrafo sobre el sitio donde viven.

_____

_____

_____

_____

_____

_____

_____

_____

_____

_____

Enlaces opcionales

❶ Como comenta Borges en su poema "Vanilocuencia", la ciudad de Buenos Aires siempre está cambiando. Busquen Buenos Aires

---

*En el Prólogo de la edición de 1964.

en el Internet y, con la información que encuentren, hagan listas de sus glorias y dolores de hoy en día.

❷ Pensando en términos de glorias y dolores, hagan una lista de las glorias de Tenochtitlán antes de la llegada de los europeos. Pueden usar la información que aprendiste de la carta de Cortés o cualquier información que sepan.

❸ Busquen México D.F. en el Internet. Con la información que encuentren, hagan listas de las glorias y los dolores de la ciudad actual. Luego, hagan una encuesta de las personas de su grupo para ver si preferirían vivir en el Tenochtitlán de los aztecas. Todo el mundo debe dar por lo menos una razón para su preferencia.

❹ Es probable que Uds. tuvieron más de una interpretación de la tira cómica, puesto que se puede interpretar una obra (o una cosa) a varios niveles. ¿Hay alguna interpretación que parezca más probable o lógica?

Selección 5
Continuidad de los parques

BIO: Julio Cortázar (1914–1984)

JULIO CORTÁZAR *nació en Bruselas de padres argentinos; estudió y enseñó en Argentina y se trasladó a París donde trabajó como traductor independiente hasta su muerte. De fama internacional, es uno de los autores latinoamericanos más conocidos por sus cuentos, novelas y ensayos. Mientras* **Rayuela** *(1963) es la más conocida de sus novelas, "Continuidad de los parques" aparece por primera vez en una de las varias colecciones de cuentos,* **Final del juego**, *que fue publicada en 1956. Influenciadas por la literatura fantástica, sus obras incorporan el surrealismo para explorar la línea fina entre la fantasía y la realidad.*

Antes de leer

A. Piensa en novelas, películas o programas de televisión de misterio, principalmente en los que tratan de un asesinato. ¿Cuál es tu favorito? _____

trama-conjunto de sucesos, el argumento del texto

B. En dos o tres oraciones, describe su trama.

_____

_____

_____

C. En grupos de cuatro personas, discutan los temas siguientes:

❶ Una persona del grupo debe leer las primeras dos oraciones del cuento en voz alta a los otros miembros del grupo. Describe cómo un lector se interesa "por la trama, por el dibujo de los personajes" de una novela.

❷ Cada persona del grupo debe explicar por qué le interesaba la trama de su misterio favorito. ¿Fue por el dibujo de los personajes, la acción u otra técnica que usa el autor?

❸ Cómo son diferentes las técnicas usadas en las películas y los programas de televisión a las usadas en las novelas? ¿Cómo son similares?

D. Leyendo el título, "Continuidad de los parques", se supone que el cuento tiene lugar en un parque. Sin leer más del cuento, ¿cómo se imaginan este parque?

_____

ℰ. *Continuar* es un verbo fácil de reconocer; para llegar a su forma sustantiva, sólo se tiene que dejar *-ar* y añadir *-idad*.

❶ Basándose en el verbo, ¿pueden explicar lo que quiere decir *continuidad* en español?

_____

❷ Pensando en el título y sabiendo que el cuento trata de una persona que lee una novela, ¿qué tipo de acción suponen Uds. que incluya el cuento?

_____

Dirígete a las actividades que acompañan el cuento y úsalas para guiarte por la lectura paso a paso.

Continuidad de los parques

Había empezado a leer la novela unos días antes. La abandonó por negocios urgentes, volvió a abrirla cuando regresaba en tren a la finca; se dejaba interesar lentamente por la trama, por el dibujo de los personajes. Esa tarde, después de escribir una carta
5 a su apoderado y discutir con el mayordomo una cuestión de aparcerías, volvió al libro en la tranquilidad del estudio que miraba hacia el parque de los robles. Arrellanado en su sillón favorito, de espaldas a la puerta que lo hubiera molestado como una irritante posibilidad de intrusiones, dejó que su mano izquierda acariciara una y otra vez el terciopelo verde
10 y se puso a leer los últimos capítulos. Su memoria retenía sin esfuerzo los nombres y las imágenes de los protagonistas; la ilusión novelesca lo ganó casi en seguida. Gozaba del placer casi perverso de irse desgajando línea a línea de lo que lo rodeaba, y sentir a la vez que su cabeza descansaba cómodamente en el terciopelo del alto respaldo, que los ciga-
15 rrillos seguían al alcance de la mano, que más allá de los ventanales danzaba el aire del atardecer bajo los robles. Palabra a palabra, absorbido por la sórdida disyuntiva de los héroes, dejándose ir hacia las imágenes que se concertaban y adquirían color y movimiento, fue testigo del último encuentro en la cabaña del monte. Primero entraba la mujer;
20 recelosa; ahora llegaba el amante, lastimada la cara por el chicotazo de una rama. Admirablemente restañaba ella la sangre con sus besos, pero él rechazaba las caricias, no había venido para repetir las ceremonias de una pasión secreta, protegida por un mundo de hojas secas y senderos furtivos. El puñal se entibiaba contra su pecho, y debajo latía la
25 libertad agazapada. Un diálogo anhelante corría por las páginas como un arroyo de serpientes, y se sentía que todo estaba decidido desde siempre. Hasta esas caricias que enredaban el cuerpo del amante como queriendo retenerlo y disuadirlo, dibujaban abominablemente la figura de otro cuerpo que era necesario destruir. Nada había sido olvidado;
30 coartadas, azares, posibles errores. A partir de esa hora cada instante tenía su empleo minuciosamente atribuido. El doble repaso despiadado se interrumpía apenas para que una mano acariciara una mejilla. Empezaba a anochecer.

Sin mirarse ya, atados rígidamente a la tarea que los esperaba, se
35 separaron en la puerta de la cabaña. Ella debía seguir por la senda que iba al norte. Desde la senda opuesta él se volvió un instante para verla correr con el pelo suelto. Corrió a su vez, parapetándose en los árboles y los setos, hasta distinguir en la bruma malva del crepúsculo la alameda que llevaba a la casa. Los perros no debían ladrar, y no ladraron.
40 El mayordomo no estaría a esa hora, y no estaba. Subió los tres peldaños del porche y entró. Desde la sangre galopando en sus oídos le llegaban las palabras de la mujer: primero una sala azul, después una galería,

una escalera alfombrada. En lo alto, dos puertas. Nadie en la primera habitación, nadie en la segunda. La puerta del salón, y entonces el

45 puñal en la mano, la luz de los ventanales, el alto respaldo de un sillón de terciopelo verde, la cabeza del hombre en el sillón leyendo una novela. ■

A. Lee las primeras dos oraciones otra vez.

❶ ¿En qué persona se narra? _____

❷ ¿En qué tiempo (presente, pasado, futuro) se escribe? _____

_____

❸ Parece que el protagonista trabaja en la ciudad. ¿Está en la ciudad ahora?

☐ Sí ☐ No ¿Cómo se sabe?

_____

B. Ahora, busca las tres o cuatro oraciones que describen cómo lee el protagonista y subráyalas.

❶ Explica en tus propias palabras cómo el protagonista se sitúa para leer.

_____

_____

❷ Parece ser el tipo de lector que se interesa mucho en lo que lee. ¿Cómo se sabe? Pon una palomita [√] en el margen al lado de cuatro frases que indican su interés.

❸ Al principio, el escritor no identifica al protagonista como hombre o mujer; pero al leer cuidadosamente esta parte que describe cómo lee el protagonista, descubrimos que es hombre. ¿Qué palabras lo indican?

_____

C. Dentro de estas mismas oraciones que describen cómo lee el protagonista, también hay anotaciones que nos aclimatan al salón, aquí un estudio, donde se sitúa el cuento, es decir, los muebles, las cortinas, etc.

❶ Describe el estudio donde se sienta el hombre a leer.

_____

_____

_____

❷ Muchas veces al comparar varias escenas, se descubren claves que ayudan a comprender la acción. Saltando a la última frase del cuento, describe el salón donde termina el cuento.

_____

_____

③ ¿Qué semejanzas hay en las dos escenas? ¿Qué conclusión se puede sacar?

_____

_____

_____

D. Volviendo al primer párrafo, después de la descripción de cómo lee el hombre, el escritor revela la trama de la novela que lee el protagonista. Lee la próxima oración y subraya en el texto los personajes de la novela. ¿Cómo son? Completa el esquema con las descripciones que pertenecen a cada uno de los dos protagonistas.

Personaje #1	Personaje #2
_____	_____
_____	_____
_____	_____
_____	_____

E. Sigue leyendo las próximas oraciones para descubrir lo que hacen en la cabaña y los planes que tienen. Explica lo siguiente en tus propias palabras:

❶ (lo que hacen en la cabaña) _____

_____

_____

❷ (sus planes) _____

_____

_____

surrealismo-un movimiento moderno de arte y literatura en el cual se presenta o se interpreta lo inconsciente de la mente humana, manifestado en los sueños o en escenas que parecen ser sueños, es decir, no reales. El texto mismo se caracteriza por un orden irracional casi siempre fuera de un contexto normal. Muchas veces el lector tiene que "construir" el desenlace de la narración entre las múltiples posibilidades que se presentan en el texto.

F. La primera vez que leas el cuento probablemente no vas a creer lo que has leído. ¡No te preocupes! Después de considerar la definición de surrealismo citada en el margen, lee el cuento de nuevo. Nota dónde cambia cada escena (casi como una película) de la acción y escribe la frase que denota el cambio.

❶ Primera escena:

a. (dónde tiene lugar) _____

b. (frase que denota el cambio) _____

_____

❷ Segunda escena:

a. (dónde tiene lugar) _____

b. (frase que denota el cambio) _____

_____

c. ¿A quién refiere "la figura de otro cuerpo que era necesario destruir"?

_____

d. En las líneas 34–39, los amantes corrieron por sendas distintas. Entre la segunda escena y la tercera escena, ¿por qué no van juntos de la mano?

_____

_____

e. ¿Qué hora es? _____

3 Tercera escena:

a. (dónde tiene lugar) _____

b. (frase que denota el cambio) _____

_____

G. ¿Hay un punto distinto en que lo real se transforma en lo imaginario o lo fantástico?

_____

_____

H. ¿Basándote en la definición de surrealismo tanto como en lo que parece pasar en este breve cuento, ¿qué "continuidad" sugiere lo que has notado en las Actividades F y G?

_____

_____

_____

Después de leer

A. En grupos de tres o cuatro personas, hagan una serie de tres dibujos que describan la trama de este cuento. Para ayudar, pueden referirse a las descripciones de las tres escenas de la Actividad F de **Lectura** que están en las páginas 144–145.

B. En los mismos grupos, hablen de los siguientes temas:

1 ¿Quién narra el cuento? ¿Es protagonista el narrador, es personaje del cuento o es omnisciente? ¿Cómo lo saben Uds.?

> **narrador omnisciente**-el que cuenta o relata todo, incluso los pensamientos de los personajes

_____

_____

_____

2 ¿Por qué no tienen nombres los personajes?

_____

_____

_____

③ ¿Qué rol hace el protagonista en los siguientes momentos del cuento?

    a. en el primer párrafo _____

    b. al final del segundo párrafo _____

④ ¿Cómo es *Continuidad de los parques* un ejemplo de surrealismo? Después de discutirlo, en una hoja aparte, escribe tu opinión en un párrafo de seis a ocho oraciones.

⑤ ¿Creen Uds. que tienen éxito los amantes? Cada persona debe dar una razón por qué sí o no.

_____

_____

⑥ El cuento termina sin resolver el conflicto explícitamente. En grupos ya han hablado del éxito de los amantes, es decir, han considerado unas posibilidades. Ahora, a solas en una hoja aparte, escribe un párrafo (cuatro a seis oraciones) para "terminar" el cuento para tus lectores, tu profesor(a) y tus compañeros de clase.

Enlaces opcionales

❶ ¿Conocen otros cuentos, novelas o cuadros surrealistas? Hablen de las características que los hacen surrealistas.

❷ ¿Conocen algunas películas surrealistas? Hablen de cómo el surrealismo puede ser tratado en el cine, comparándolo con su trato en la literatura.

Relaciones humanas

*L*as relaciones humanas marcan nuestra manera de ser y sentir más íntima. Siguiendo el camino trazado por el filósofo español Ortega y Gasset, que dijo "yo soy yo y mi circunstancia," podemos decir "yo soy yo y mis relaciones humanas". Como ser social, nuestras relaciones con los demás determinan de una manera total quiénes somos, lo que pensamos y lo que hacemos. En definitiva, nuestras relaciones humanas somos nosotros.

Las selecciones de esta unidad nos hacen pensar en cómo nos llevamos con los otros del mundo en que vivimos. El amor, el odio, el individualismo, el conformismo, el respeto y el racismo son todos ejemplos de las relaciones humanas que exploraremos a lo largo de estos textos. Estudiaremos cómo el comportamiento humano afecta nuestras vidas y las relaciones humanas.

Selección 1

Me llamo Rigoberta Menchú y así me nació la conciencia

BIO: Rigoberta Menchú (1959–   )

RIGOBERTA MENCHÚ, *una guatemalteca quiché, hablaba solamente quiché hasta los 20 años. Había hablado español por tres años cuando, a los 23 años, escribió su testimonio, **Me llamo Rigoberta Menchú y así me nació la conciencia**. Actualmente vive en exilio y sigue hablando y escribiendo contra la opresión en Guatemala que ha sufrido su pueblo por quinientos años. Ganó el Premio Nobel de la Paz en 1992.*

Antes de leer

A. En grupos de tres, discutan los temas siguientes:

❶ Después de leer el título, digan de qué va a hablar la narrativa.

_____

_____

❷ ¿Quién es Rigoberta Menchú? ¿De qué cultura es?

_____

❸ ¿Hay algún aspecto de la vida diaria de su propia cultura que les gustaría explicar a personas de otra cultura (*o en su lengua nativa*)?

a. Cada grupo debe pensar en un aspecto que les interesaría a personas de otra cultura. Luego, descríbanlo con mucho detalle.

b. Sin nombrar el aspecto de interés, cada grupo debe describirlo a los otros de la clase a ver si pueden identificar la situación cultural que describen.

c. Toda la clase votará para elegir el aspecto más interesante y el mejor explicado.

d. ¿Fue difícil relatar los aspectos culturales de este ejercicio en español? ¿Por qué? ¿Sería más fácil explicar la misma información en inglés o en su lengua nativa?

e. ¿Cuándo aprendió Rigoberta Menchú a hablar español? Si no lo saben, lean otra vez la nota biográfica.

_____

B. ¿Tienen importancia los antepasados y los consejos y la información que nos dejan?

❶ Habla con cinco de tus compañeros de clase para pedirles sus opiniones sobre lo más importante que les han dejado sus antepasados.

Nombre	La herencia más importante de mi(s) antepasado(s)
_____	_____
_____	_____
_____	_____
_____	_____
_____	_____

❷ Comparte las mejores ideas de tu lista con los otros estudiantes de la clase. Entre todos, decidan si los antepasados son (a) importantes, (b) muy importantes o (c) no son importantes para la cultura en que viven.

Dirígete a las actividades que acompañan la lectura y úsalas para guiarte por la lectura paso a paso.

Me llamo Rigoberta Menchú y así me nació la conciencia

Entonces también desde niños recibimos la educación dife-rente de la que tienen los blancos, los ladinos[1]. Nosotros, los indígenas, tenemos más contacto con la naturaleza. Por eso nos dicen politeístas. Pero, sin embargo, no somos politeístas... o, si lo
5 somos, sería bueno, porque es nuestra cultura, nuestras costumbres. De que nosotros adoramos, no es que adoremos, sino que respetamos una serie de cosas de la naturaleza. Las cosas más importantes para nosotros. Por ejemplo, el agua es algo sagrado. La explicación que nos dan nues-tros padres desde niños es que no hay que desperdiciar el agua, aunque
10 haya. El agua es algo puro, es algo limpio y es algo que da vida al hom-bre. Sin el agua no se puede vivir, tampoco hubieran podido vivir nues-tros antepasados. Entonces, el agua la tenemos como algo sagrado y eso está en la mente desde niños y nunca se la quita a uno de pensar que el agua es algo puro. Tenemos la tierra. Nuestros padres nos dicen "Hi-
15 jos, la tierra es la madre del hombre porque es la que da de comer al hombre." Y más, nosotros que nos basamos en el cultivo, porque no-sotros los indígenas comemos maíz, frijol y yerbas del campo y no sa-bemos comer, por ejemplo, jamón o queso, cosas compuestas con apa-ratos, con máquinas. Entonces, se considera que la tierra es la madre
20 del hombre. Y de hecho nuestros padres nos enseñan a respetar esa tierra. Sólo se puede herir la tierra cuando hay necesidad. Esa concep-ción hace que antes de sembrar nuestra milpa tenemos que pedirle per-miso a la tierra. Existe el *pom*, el *copal*, es el elemento sagrado para el indígena, para expresar el sentimiento ante la tierra, para que la tierra
25 se pueda cultivar.

El *copal* es una goma[2] que da un árbol y esa goma tiene un olor como incienso. Entonces se quema y da un olor bastante fuerte. Un humo[3] con un olor muy sabroso, muy rico. Cuando se pide permiso a la tierra, antes de cultivarla, se hace una ceremonia. Nosotros nos ba-
30 samos mucho en la candela[4], el agua, la cal[5]. En primer lugar se le pone una candela al representante de la tierra, del agua, del maíz, que es la comida del hombre. Se considera, según los antepasados, que nosotros los indígenas estamos hechos de maíz. Estamos hechos del maíz blanco

---

[1]ladino: una persona que habla una lengua extranjera o un(a) indígena que habla castellano

[2]goma: sustancia pegajosa que viene de ciertos árboles

[3]humo: lo que se desprende de materia en combustión

[4]candela: vela de cera que se prende para iluminar

[5]cal: óxido de calcio, lo que forma la base de la tiza y el yeso

y del maíz amarillo, según nuestros antepasados. Entonces, eso se toma
35 en cuenta[6]. Y luego la candela, que representa al hombre como un hijo
de la naturaleza, del universo. Entonces, se ponen estas candelas y se
unen todos los miembros de la familia a rezar. Más que todo pidiéndole
permiso a la tierra, que dé una buena cosecha. También se reza a nuestros antepasados, mencionándoles sus oraciones, que hace tiempo, hace
40 mucho tiempo, existen. ■

---

narrador(a)-la voz que
cuenta o relata

A. A solas, mira el título. ¿Quién es el narrador o la narradora de este
texto?

_____

B. Lee las primeras dos oraciones.
  ❶ ¿Están escritas en primera persona singular, es decir en la forma
  _yo_?   Sí ☐   No ☐
  ❷ ¿En qué persona está escrita esta narrativa?

_____

  ❸ Específicamente, ¿a quiénes se refiere _nosotros_?

_____

  ❹ La narración diferencia _nosotros_ de dos otros grupos. ¿Cuáles
  son?

_____

C. Lee las siguientes cuatro o cinco oraciones del texto.
  ❶ ¿Qué significa _politeísmo_? Es una palabra compuesta de _poli_ (muchos) y la palabra griega _theo_ (dios). ¿Qué significa la palabra
  monoteísta?

_____

  ❷ ¿Por qué se consideran politeístas los indígenas?

_____

_____

  ❸ ¿Qué adoran o respetan?

_____

_____

D. Las líneas 8–14 hablan de la importancia del agua. Explica que los
padres enseñan que "no hay que desperdiciar el agua, aunque
haya". ¿Puedes adivinar qué quiere decir _desperdiciar_? Escribe una
definición en español.

_____

_____

---

[6]tomarse en cuenta: considerarse

E. Al terminar de leer el primer párrafo, debajo del maíz, haz una lista de los productos cultivados mencionados y, debajo del queso, otra de los productos compuestos con máquinas.

_____   _____

_____   _____

F. Lee el segundo párrafo. ¿Qué función tiene la ceremonia que describe?

_____

_____

❶ ¿Cuáles son algunos de los objetos que se usan para esta ceremonia?

_____   _____

_____   _____

❷ ¿Por qué es importante el maíz?

_____

_____

❸ ¿Quiénes toman parte en esta ceremonia?

_____

_____

G. Haz una lista de las semejanzas y las diferencias entre tu cultura y la cultura indígena que describe Rigoberta Menchú en esta narrativa.

Semejanzas	Diferencias
_____	_____
_____	_____
_____	_____
_____	_____
_____	_____

H. En una hoja aparte, escribe un párrafo usando la lista de comparaciones. Se puede empezar con la siguiente frase.

Mi cultura es semejante a (o diferente de) la de Rigoberta Menchú...

Rigoberta Menchú

Después de leer

A. En parejas, discutan estos temas:

❶ La selección no lo explica directamente, pero, ¿por qué tienen los indígenas más contacto con la naturaleza que los blancos y los ladinos?

❷ ¿Son importantes los antepasados y sus enseñanzas respecto a la actualidad? ¿Qué podemos aprender de ellos? ¿Son pertinentes sus enseñanzas?

❸ ¿Qué opinaban los antepasados del trato de la Tierra? ¿Qué grupos de personas actuales estarían de acuerdo con estas prácticas?

❹ ¿Para qué se da el Premio Nobel de la Paz? ¿Sabían ustedes que el sueco Alfredo Nóbel (1833–1896) inventó la dinamita? En su testamento instituyó cinco premios que se dan cada año en literatura, paz, fisiología y medicina, física y química. ¿A cuántos ganadores de estos premios pueden nombrar? ¿Quién merece ganar el Premio Nóbel de la Paz que no lo haya ganado todavía?

B. ¿De qué trata la selección que acaban de leer? Con la ayuda de tu pareja, escriban un resumen de la selección. Comparen su resumen con el de otra pareja. Entre las cuatro personas, decidan cuál es mejor. Es decir, elijan el resumen que mejor describa el texto de la manera más concisa.

Enlaces opcionales

❶ A solas compara el mito de los indígenas hechos de maíz con el mito del *Origen del río Amazonas*. ¿Cómo son similares? ¿Cómo son diferentes?

❷ En grupos de cuatro personas, discutan la importancia de los mitos a las culturas indígenas de las Américas. ¿Conocen otros mitos de la gente indígena? Intenten contar en español los mitos que conozcan. Cada grupo debe elegir el mejor mito del grupo y contárselo a toda la clase.

Selecciones 2
Y el negro rezó y el afiche de los derechos humanos

BIO: Eulalia Bernard Little

EULALIA BERNARD LITTLE, *cuya poesía se ha dado a conocer en Costa Rica en numerosos recitales y en un disco titulado* **Negritud,** *publicó "Y el negro rezó" en* **Ritmohéroe** *(1982). Hija de pioneros jamaicanos, nació en Limón, Costa Rica. Se dedica al análisis de la participación creativa del negro africano en las sociedades americanas. Actualmente enseña en la Universidad de Costa Rica.*

Antes de leer

En grupos de dos o tres personas, discutan los temas siguientes:

A. Observen el título. ¿Saben que *rezar* quiere decir *hablar con Dios*? Escriban asociaciones con esta palabra en la estrella que sigue.

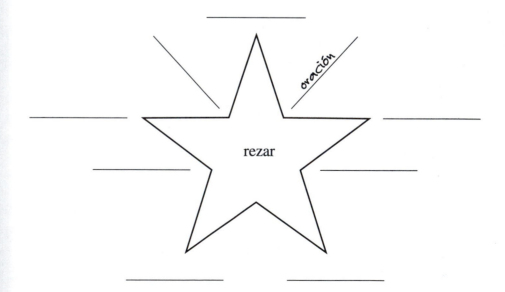

oración

rezar

B. Después de echar un vistazo a la lectura, rápidamente hagan una lista de las palabras de *Y el negro rezó* que se repiten varias veces.

_____

❶ ¿Cuáles son las palabras que tienen la letra inicial en mayúscula? ¿Qué relación tienen estas palabras entre sí?

_____

❷ Las palabras de la lectura que se pueden asociar con "pasar hambre" son *el pan, la panza* y *el estómago*. Las últimas son partes del cuerpo humano. ¿Podrán adivinar el significado de *panza*?

❸ Hagan otra lista de palabras que no conozcan en *Y el negro rezó*. Traten de adivinar el significado de estas palabras entre los miembros de su grupo.

_____

_____

Dirígete a las actividades que acompañan la lectura y úsalas para guiarte por la lectura paso a paso.

Y el negro rezó

Y el negro rezó *— prayer devotion*
pero Jesús no lo oyó *— listen*
y el negro rezó
pero la Virgen no lo vio
5 rezó el negro
el negro rezó
pero el pan no cayó
rezó el negro
el negro rezó *— belly*
10 su panza más se vació
el negro no más rezó *— gun rifle*
el negro el fusil tomó
el negro habló y habló
Jesús lo oyó
15 la Virgen lo vio
con su voz de fusil
y su estómago de reloj.

KINGSTON 13–12–78

A. Estudia la lectura y haz tres listas, una de personas, otra de objetos y otra más de acciones que se mencionan en la selección.

Personas	Objetos	Acciones
_____	_____	_____
_____	_____	_____
_____	_____	_____

B. Ahora observa el formato de la selección.

❶ ¿Es poema o prosa? _____

❷ ¿Por qué parece ser una creación poética? Da tres razones.

    a. _____

    b. _____

    c. _____

❸ ¿Hay rima? Describe la rima.

_____

❹ ¿Cuál es el tiempo verbal que domina en el poema? ¿Cuándo pasa la acción?

_____

5 Lee el poema de nuevo en voz alta. ¿Qué efecto tiene sobre el lector la repetición de los verbos en el pretérito?

_____

_____

C. En tu opinión, ¿cuál es el tema principal del poema? Y, ¿los subtemas?

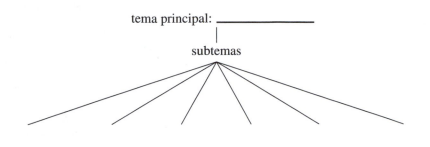

tema principal: _____

subtemas

_____ _____ _____ _____ _____ _____

D. En tus propias palabras, haz un resumen del poema.

_____

_____

_____

_____

E. La poesía se hace a base de imágenes. Explica en tus propias palabras las imágenes que se encuentran en los dos últimos versos del poema.

"con su voz de fusil
y su estómago de reloj."

F. La autora quiere hacer un comentario sobre la sociedad, por medio del simbolismo en una ficción, o sea, un poema. ¿Cuál es el comentario social implícito en el poema?

_____

_____

_____

_____

_____

Antes de leer

A. Sin leer el texto, da un vistazo al cartel sobre los derechos humanos y piensa en el poema *Y el negro rezó*.

❶ ¿Qué quiere decir la frase *los derechos humanos*? Escribe una definición.

_____

_____

_____

_____

❷ Con un(a) compañero(a) de clase, escriban una lista de por lo menos seis derechos humanos fundamentales.

_____   _____

_____   _____

_____   _____

❸ Comparen su lista con la lista de otra pareja. ¿Tienen los mismos derechos humanos o hay algunos diferentes?

Dirígete a las actividades que acompañan el cartel y úsalas para guiarte por la lectura paso a paso.

Afiche conmemorativo de la comisión interamericana de derechos humanos

El cartel diseñado para conmemorar el XXXV aniversario de la creación de la Comisión se compone de cuatro fotos tomadas durante misiones de investigación. La que sirve de fondo es una manifestación callejera en Santiago de Chile, en 1988. Los

5 manifestantes llevan figuras recortadas con el nombre de personas desaparecidas y la pregunta: "¿me olvidaste? ¿Sí? ¿No?" Superpuestas hay tres fotos en primer término: unas mujeres congregadas en solidaridad; tres pares de zapatos de niño y la celda de una cárcel.

10 Estas imágenes de tres momentos distintos representan aspectos del pasado, el presente y el futuro de la labor de la Comisión.

La imagen de los barrotes de la celda representa una de las constantes funciones

15 supervisoras de la Comisión, que a menudo actúa en casos de presos políticos y se encarga de asegurar que a todos los presos se les detenga en circunstancias que correspondan al "respeto a la dignidad inherente

20 del ser humano".

La fotografía de los zapatitos de niño representa la atención que la Comisión presta a las necesidades de los más débiles de la sociedad. Las necesidades infantiles

25 básicas de sustento—igual que la necesidad de todo el mundo de vivir sin miedo ni carencia—pueden satisfacerse solo "si se crean condiciones que permitan a cada persona gozar de sus derechos económicos,

30 sociales y culturales, tanto como de sus derechos civiles y políticos". Este es el principio fundamental del Protocolo Adicional a la Convención Americana en Materia de los Derechos Culturales, Sociales y Eco-

35 nómicos, el cual, a pesar de no estar aún en vigor, se deriva del reconocimiento por parte de los Estados Americanos de que todos los derechos humanos están relacionados entre sí y son indivisibles.

3

40   La tercera foto es de un grupo de mujeres indígenas que levantan
sus velas en solidaridad en una iglesita del norte de Managua, Nicaragua
en 1979. Ésta representa la gestión de la Comisión, en el transcurso de
los años, de proteger el derecho de libertad de reunión, de asociación
y de expresión tanto como el de libertad de conciencia y de culto reli-
45 gioso. También simboliza la labor de la población en pro de los derechos
de las poblaciones indígenas. En tanto las mujeres están reunidas soli-
dariamente como comunidad, también representan la idea fundamental
de que los derechos humanos están más seguros cuando los ciudadanos,
individual y comunitariamente, participan en las instituciones demo-
50 cráticas del gobierno.

El cartel lo distribuye la Comisión a cambio de una donación de
US$10 al fondo especial de la Comisión. Demuestre su apoyo a la de-
fensa de los derechos humanos en las Américas enviando su donativo
a:

Poster
Interamerican Commission on Human Rights
Organization of American States
1889 F Street, NW
Washington, D.C. 20006 ■

A. Observa la lectura que acompaña el cartel. Tiene la estructura típica de una redacción académica estudiantil porque hay un párrafo
introductorio, tres párrafos de exposición y una conclusión. Pon
los números 1, 2, 3 al lado de cada párrafo y conecta cada foto con
su párrafo correspondiente.

B. Sin fijarte en los detalles de la prosa, identifica los temas generales
de cada párrafo.

_____

_____

_____

_____

_____

Después de leer

A. Si quisieras hacer algún comentario sobre la sociedad, ¿cómo lo
harías (por ejemplo, con un ensayo, una carta al periódico, un
poema, una película, un video, un cartel)? Describe lo que harías
en una hoja aparte.

B. ¿Si tuvieras que escribir un poema que comentara la sociedad en
que vives, de qué escribirías? Y, ¿por qué? O, escribe el poema.

C. En grupos de tres, discutan la poesía y la sociedad:

❶ ¿Es posible que la ficción influya en la sociedad? ¿Qué efecto
tiene un poema como *Y el negro rezó* sobre la sociedad?

❷ Haz una lista de diez frustraciones de la sociedad en que vives (por ejemplo, la violencia).

_____   _____

_____   _____

_____   _____

_____   _____

_____   _____

D. Se escribió *Y el negro rezó* en Jamaica, pero el mensaje puede aplicarse a muchas culturas. ¿Hasta qué punto describe el poema una realidad de los EEUU? Explica tu respuesta en una hoja aparte.

E. ¿Cómo se relaciona el tema de esta unidad y del cartel de *los derechos humanos* con el poema *Y el negro rezó* de Eulalia Bernard Little?

F. ¿Cuáles son unas instituciones o grupos sociales que tradicionalmente tienen interés en los derechos humanos? ¿En qué sitios podrías encontrar el cartel?

Enlaces opcionales

❶ Comenta el tono de frustración que se encuentra en *Y el negro rézo* y el de *Y/O: Yo* de Gustavo Pérez Firmat.

❷ Contrasta la falta de comida en *Y el negro rezó* con la del fragmento de la novela *La colmena*.

Selección 3
Más allá de las máscaras

BIO: **Lucía Guerra (1943–   )**

LUCÍA GUERRA *es chilena, pero vive ahora en California, donde enseña en la Universidad de California, Irvine. Se había establecido como crítica antes de empezar a escribir novelas. La selección que sigue es de su primera novela,* **Más allá de las máscaras,** *que se publicó en 1984.*

Antes de leer

A. En parejas, contesten estas preguntas:

❶ ¿Cómo se llama la historia que uno escribe de su propia vida? ¿de la vida de otra persona?

_____

❷ Si una persona pensara escribir su propia autobiografía o la biografía de otra persona, ¿cuáles serían los posibles puntos de partida? Es decir, ¿con qué evento de la vida debe empezar la historia de la vida de una persona?

a. _____

b. _____

c. _____

B. Ahora, a solas, escribe el primer párrafo de tu propia autobiografía.

_____

_____

_____

_____

_____

_____

C. Contesta las siguientes preguntas sobre el párrafo que acabas de escribir.

1 ¿Quién es el autor? _____

2 ¿En qué persona está escrito (yo, tú, él/ella)? _____

3 ¿Quién es el narrador? _____

D. Trabajando con tu pareja, discutan las siguientes preguntas:

1 ¿Siempre es autobiográfica una narrativa escrita en primera persona?

2 ¿Por qué escribiría un(a) escritor(a) en primera persona si no es necesariamente su propia historia?

_____

_____

3 ¿Cuál es la diferencia entre "escritor(a)/autor(a)" y "narrador(a)"?

_____

_____

E. Lean la primera frase del texto.

1 ¿En qué persona está escrita esta narración? _____

2 ¿A quién se dirige?

_____

F. La narradora empieza su historia notando los temas que no va a relatar. En el segundo párrafo, que menciona estos temas, puede haber vocabulario que no entiendan.

1 En la columna de la derecha, busquen la definición de las palabras que están en la columna de la izquierda. Puede ser útil buscar las palabras en el segundo párrafo para leerlas en su contexto.

_____ 1. alcoba	a. viajes por el extranjero
_____ 2. fusiles	b. algo que tiene mucho valor
_____ 3. laberintos	c. dormitorio
_____ 4. selva	d. lugar donde hay muchos árboles, bosque grande
_____ 5. infernales	e. armas de fuego como rifles, escopetas
_____ 6. peregrinajes	f. estructura compuesta de un gran número de compartimentos, arreglados de tal manera que es difícil hallar la salida
_____ 7. valioso	g. del infierno, como el infierno

Answers: 1. c 2. e 3. f 4. d 5. g 6. a 7. b

❷ Después de leer el segundo párrafo, noten en el siguiente esquema los temas que *no va a relatar* la autora.

❸ Ahora sabemos de lo que no va a hablar. ¿De qué creen que va a hablar? Noten algunas posibilidades en el siguiente esquema.

Temas que no va a relatar	Temas que puede relatar

Dirígete a las actividades que acompañan la lectura y úsalas para guiarte por la lectura paso a paso.

Más allá de las máscaras

No sé cómo empezó todo esto.

Mi historia no tiene nada que ver con esas otras historias escritas por los hombres, ni las de alcoba, ni las de fusiles, ni las de laberintos en una biblioteca. La aventura que aquí se cuenta está
5   en los márgenes de esos relatos que describen heróicas expediciones a través de la selva o místicos peregrinajes por círculos infernales en busca de valiosos manuscritos.

Mi escenario[1] no se restringe a ninguno de esos lugares geográficos que ellos llaman patria[2], tampoco lo habitan héroes de cartón o tiranos[3]
10 de yeso[4]. En mi mundo que es el suyo, señora, no existen vanas fórmulas científicas, ni estrictos manuales, ni manidas[5] leyes de causa y efecto.

No. No sé cómo ni cuándo empezó verdaderamente mi historia... ■

A. A solas, lee el primer párrafo y el segundo otra vez. La narradora dice que su propia aventura está escrita en los márgenes de los relatos de otros. ¿De quién suelen ser los relatos?

_____

_____

_____

B. En el tercer párrafo, lee la descripción del escenario.

❶ Según la narradora, ¿qué límites no quiere ponerle a su propia aventura?

_____

_____

❷ ¿Qué tipos de personajes no van a aparecer en su aventura?

_____

_____

---

[1]escenario: conjunto de circunstancias en torno a un suceso, donde tiene lugar una obra de teatro

[2]patria: lugar donde uno nace

[3]tiranos: los que abusan de su autoridad

[4]yeso: una materia que se usa para hacer paredes y esculturas

[5]manidas: pasadas, casi podridas

③ ¿Con quién comparte este mundo? Describe su mundo.

_____

_____

C. Lee la primera y la última frase. ¿Cuál es el origen de su historia?

_____

D. En dos o tres oraciones, describe cómo crees que va a continuar esta historia.

_____

_____

_____

_____

Después de leer

A. Pensando en la selección de Lucía Guerra, vuelve a leer el primer párrafo de tu propia autobiografía.

① La primera frase de la autobiografía de Guerra llama la atención. ¿Es interesante la primera frase de tu autobiografía? ¿Te gusta o la quieres cambiar?

② En el primer párrafo, ¿incluiste los temas que no vas a relatar? Sigue escribiendo una breve autobiografía y, como Lucía Guerra, menciona los temas que no vas a relatar. Antes de empezar a escribir, haz una lista de esos temas en el siguiente esquema.

Temas que no voy a relatar	Temas que voy a relatar
_____	_____
_____	_____
_____	_____
_____	_____
_____	

③ Sabiendo los temas que no vas a relatar, nota la información que vas a relatar en la columna de la derecha. ¿Está en el orden en que la quieres escribir? Si no, nota con números el orden que piensas usar.

④ ¿Cómo vas a terminar tu autobiografía? ¿Quieres repetir la primera frase como hace Lucía Guerra? Escribe la frase con que quieres terminar.

⑤ Ahora que tienes un plan, en una hoja aparte, escribe una breve autobiografía, siguiendo el plan que tienes notado.

C. Cambia tu autobiografía por la de un(a) compañero(a) de clase.

① Después de leer la autobiografía de tu compañero(a), pon un asterisco (*) en una parte donde te gustaría saber más. En el margen, nota exactamente lo que te gustaría saber.

② Si hay una parte que no está clara, pon un signos de interrogación (¿?) cerca de esa parte.

③ Al final, escribe una reacción personal.

D. Devuelve la autobiografía a su autor(a).

① En tu propia autobiografía, lee los comentarios y haz los cambios necesarios.

② Escribe la versión final para entregar a tu profesor(a).

Enlaces opcionales

① Compara la autobiografía de Lucía Guerra con el poema autobiográfico de Gloria Fuertes, *Nota biográfica*.

② Compara la autobiografía de Lucía Guerra con el ensayo de Cherríe Moraga, *La güera*.

③ ¿Cuáles son tus biografías favoritas? ¿Qué formas toman tus biografías favoritas? ¿Prefieres biografías en forma de poema, libro, ensayo, película, balada?

Selección 4
El dulce daño

BIO: Alfonsina Storni, (1892–1938)

ALFONSINA STORNI, *poeta lírica argentina, nació en Suiza y, trágicamente, se suicidió en Argentina, tirándose al mar. Su poesía tiene como tema el amor malogrado y amargo. Entre sus obras de poesía figuran **El dulce daño** (1918) y **Ocre** (1925); también escribió cuentos y obras teatrales, algunos para niños.*

Antes de leer

A. A solas, considera los pensamientos, es decir, las opiniones, ideas y planes, que nunca compartes con nadie por miedo de que tus amigos se rían de ellos.

B. En grupos de tres o cuatro, hagan una lista de los pensamientos típicos que casi nunca se comparten con otros.

Ejemplo: Mi hermano quiere ser más alto.

Los hombres	Las mujeres	Los jóvenes
_____	_____	_____
_____	_____	_____
_____	_____	_____
_____	_____	_____
_____	_____	_____
_____	_____	_____

C. ¿Es bueno o malo guardar en privado estos pensamientos? ¿Por qué?

_____

_____

D. Muchas veces las normas, es decir las costumbres, de una región o de una sociedad prohíben que se expresen ciertas ideas u opiniones. Noten diez de éstas.

Ejemplo: Es mal visto llevar una camiseta con el diablo en círculos religiosos tradicionales.

1 _____

2 _____

3 _____

4 _____

5 _____

6 _____

7 _____

8 _____

9 _____

10 _____

E. A solas, en una hoja aparte, considera esta pregunta: ¿Cómo trata la sociedad a una persona que dice o hace lo que no debe decir o hacer? Primero piensa en la pregunta en términos generales y después piensa en ejemplos específicos para apoyar tu respuesta.

F. En los mismos grupos de antes, lean el título.

1 ¿Es oxímoron el título? Generalmente, ¿son dulces los daños?

_____

> **oxímoron**-dos palabras que parecen contradecirse

2 Den un ejemplo de un "dulce daño" de un poema o canción que conozcan.

_____

_____

Dirígete a las actividades que acompañan el poema y úsalas para guiarte por la lectura paso a paso.

El dulce daño

¿Qué diría la gente, recortada y vacía,
Si en un día fortuito, por ultra fantasía,
Me tiñera el cabello de plateado y violeta,
Usara peplo griego, cambiara la peineta

5 Por cintillo de flores: miositis y jazmines,
Cantara por las calles al compás de violines,
O dijera mis versos recorriendo las plazas
Libertado mi gusto de vulgares mordazas?
¿Irían a mirarme cubriendo las aceras?

10 ¿Me quemarían como quemaron hechiceras?
¿Campanas tocarían para llamar a misa?

En verdad que pensarlo me da un poco de risa.

A. Subraya todos los verbos en el poema.

❶ En el primer verso, ¿qué tiempo verbal se emplea? ¿Denota este tiempo lo real o lo hipotético?

_____

❷ ¿Qué tiempo se emplea en los versos 3, 4, 6 y 7? ¿y en los versos 9, 10 y 11?

_____

❸ El único verbo en el pretérito es "quemaron". ¿Se refiere este tiempo verbal a una situación hipotética o histórica? ¿Cuándo quemaron brujas?

_____

B. Regresando al primer verso, ¿qué adjetivos usa para describir a la gente?

_____

❶ Da unos sinónimos de estos adjetivos. Si no puedes pensar en ninguno, consulta un diccionario.

_____

_____

❷ ¿Por qué sería "recortada y vacía" la gente?

_____

_____

C. Lee los versos 3–5.

1 ¿Te has cambiado el color del pelo alguna vez? ¿Por qué lo hiciste? ¿Conoces a una persona que tiña el pelo? ¿Por qué lo hace? ¿Por qué lo hizo la narradora?

_____

_____

2 Un *peplo* es una *túnica de mujer*, llevada hace muchos siglos en Grecia y Roma. ¿Qué diría la gente si una mujer apareciera en la calle en peplo hoy en día?

_____

_____

3 Algunas veces las españolas llevan una peinete (o peineta) con la mantilla, que es una prenda de encaje para cubrirse la cabeza. La autora piensa cambiar "la peinete" por "un cintillo", es decir, una corona de miositis y jazmines. Dibuja una mujer con una corona de flores al lado de la mujer con mantilla. ¿Cuál representa lo tradicional? ¿Qué representa el otro?

D. Lee los versos 6–8.

1 ¿Qué hace la narradora mientras pasa por las calles?

_____

_____

2 ¿Puedes adivinar de qué le gustaría cantar o qué "versos" le gustaría decir?

_____

_____

❸ Una *mordaza* es un *objeto*, un pañuelo por ejemplo, *que se aplica a la boca* para que una persona no pueda gritar. Figurativamente, ¿qué mordazas nos aplica la sociedad?

_____

_____

E. Al leer los versos 9–11, piensa en la historia del mundo.

❶ ¿Pensando en la historia, puedes nombrar algunas personas famosas que entraron en una ciudad a los gritos de aclamación de la gente? ¿Con qué estaba "cubriendo la acera" la gente?

_____

_____

❷ ¿Puedes dar un ejemplo de la historia de los Estados Unidos cuando la gente quemó a hechiceras, es decir, a las acusadas de haber practicado magia negra?

_____

_____

❸ ¿En qué ocasiones se tocan las campanas de una iglesia?

_____

_____

F. Lee el último verso. ¿Cómo reacciona la autora al considerar sus pensamientos? ¿Por qué crees que reacciona así?

_____

_____

G. Lee otra vez el poema y, en una hoja aparte, escribe un párrafo de tres a cuatro oraciones que explique lo que crees que la autora quiere decir en su poema. Entrégale el párrafo a tu profesor(a).

Después de leer

A solas, (o en parejas) considera los siguientes temas:

A. ¿Clasificas este poema dentro de la categoría de esperanza, de sueño o de otra manera? Explica por qué.

B. ¿Eres una persona que prefiere seguir las normas o escaparse de ellas? ¿Qué versos te gustaría cantar? En una hoja aparte, escribe un párrafo de cuatro a cinco oraciones o, si quieres, un poema que explique lo que te gustaría decir al mundo.

C. ¿Recuerdas los últimos versos famosos de *No Man Is An Island* de John Donne? Si la respuesta es no, puedes leerlos a continuación. ¿Crees que estos versos de Donne y los de Storni tienen un tema común? ¿Cuál es?

> *. . . and therefore*
> *never send to know for whom*
> *the bell tolls; It tolls for thee.*

Enlaces opcionales

❶ Contrasta las actitudes de dos mujeres ante la vida tal como se expresan en los poemas *Nota biográfica* de Gloria Fuertes y *El dulce daño* de Alfonsina Storni.

❷ Comenta la idea de la individualidad en *Más allá de las máscaras* de Lucía Guerra y *El dulce daño* de Alfonsina Storni.

Selecciones 5

Fallo positivo y La cruzada de Mecano contra el "sida"

BIO: Mecano

MECANO *es un conjunto español de música popular. Ana Torroja es la voz feminina del grupo, y dos hermanos, José María y Nacho Cano, tocan los teclados[1], las guitarras y cantan. Su canción, "Fallo positivo", está incluída en su CD* **Aidalai**. *También sacaron un* **maxi-single**, *que incluye un panfleto de medidas para prevenir el SIDA. Últimamente los artistas no trabajan como conjunto sino independientes.*

Antes de leer

A. ¿De qué trata la música popular? ¿Cuáles son algunos temas de las canciones que escuchan tú y tus compañeros de clase? ¿Tienen que ver con el amor, los problemas de los jóvenes?

❶ Pregunta a cinco de tus compañeros de clase el título de su canción favorita. Al lado de cada título, escribe su tema.

Título   **Tema**

_____   _____

_____   _____

_____   _____

_____   _____

_____   _____

❷ Con toda la clase, hagan una lista en la pizarra de todas las canciones mencionadas que hablan de problemas sociales.

❸ Ahora, escriban el nombre del artista o del conjunto que canta cada canción. ¿Hay algunos artistas y conjuntos que suelen cantar sobre problemas sociales?

---

teclados: instrumentos musicales electrónicos; funcionan como órganos, pero son mucho más pequeños

B. A lo mejor saben que SIDA (Síndrome de Inmunodeficiencia Adquerida) en español quiere decir *AIDS* en inglés. "Fallo positivo" es el título de la canción que vamos a estudiar. Un *fallo positivo* es el resultado de un análisis que comprueba que una persona está infectado con el virus.

❶ ¿Conocen otra canción que hable específicamente o indirectamente del SIDA?

❷ ¿Pueden mencionar otros medios artísticos (la pintura, la fotografía, el cine, el teatro) que hayan tratado el tema del SIDA?

C. Con otra persona, busquen la siguiente información en la letra, es decir, el texto de la canción.

❶ Para empezar a estudiar el texto, primero, identifiquen los cognados en la letra de esta canción y escríbanlos.

positivo _____ _____ _____

navegar _____ _____ _____

_____ _____ _____ _____

_____ _____ _____ _____

_____ _____ _____ _____

> **cognados**-palabras que se derivan de la misma raíz y así se parecen en dos (o más) lenguas

> **verso**-una línea de un poema o de una canción

> **estrofa**-una parte o división de un poema o una canción que consiste en cierto número de versos

❷ En la primera estrofa, *defensas* y *venas* son dos cognados. Sabiendo que el SIDA destruye las defensas contra las otras enfermedades, ¿pueden adivinar lo que significa "aplastando las defensas por tus venas"? Describan en otras palabras lo que quiere decir.

_____

❸ La palabra *nudo* aparece en la tercera estrofa. Un nudo puede conectar dos cuerdas. Sabiendo esto, ¿entienden la expresión "nudo de dolor"? ¿Con qué se puede asociar la palabra *nudo* en la cuarta estrofa?

_____

❹ El *desván* es la parte de la casa que también se llama *ático*. En esta canción algo terrible pasa en el desván. ¿Qué sucede? Subrayen lo que pasa en la cuarta estrofa.

❺ Esta canción es una balada; cuenta una historia. Ahora que han examinado un poco el vocabulario, expliquen qué historia creen que va a contar esta canción. Mencionen algunas posibilidades.

Dirígete a las actividades que acompañan la letra de la canción y úsalas para guiarte por la lectura paso a paso.

Fallo positivo

El fallo positivo anunció
que el virus que navega en el amor
avanza soltando velas
aplastando las defensas por tus venas.

5   Me prohibiste toda pasión
sin dar ninguna clase de razón
porque sabías que yo no haría
caso alguno de la precaución.

Pesando en la balanza del amor
10 la ciencia y la conciencia,
fue tu condena un nudo de dolor,
estúpida sentencia,
y es que tú eres lo que más quiero
y sin ti la vida es un cero.

15 La ignorancia de los demás
vestida de puritana y de santa moral
hablaba de divino castigo,
y la vergüenza al que dirán
te empujó hasta que colgabas al final
20 tu cuerpo de una cuerda en el desván
ahogando los sentimientos
y muchos momentos más de amar.

Pesando en la balanza del amor
la ciencia y la conciencia,
25 fue tu condena un nudo de dolor,
estúpida sentencia,
y es que tú eres lo que más quiero
y sin ti la vida es un cero.

ARREGLOS I. CANO
ED. YOGI SONGS

ciencia   conciencia

A. Ahora, a solas, lee las primeras tres estrofas.

narrador-la voz que cuenta una historia

❶ Sabemos que Mecano es el nombre del grupo que canta esta balada, pero el grupo no es el narrador de la historia. ¿Quién es? Si necesitas ayuda, mira los verbos de la segunda estrofa.

_____

❷ En la tercera estrofa es evidente que hay dos personajes. Uno es el narrador; ¿quién es el otro? ¿Qué relación tiene el otro con el narrador?

_____

❸ ¿En tu opinión, cuál es el tema principal de esta canción?

_____

❹ ¿Es una canción de amor? Explica tu respuesta.

_____

_____

_____

B. Lee la cuarta estrofa que provee varias razones para el suicidio de una persona: "la ignorancia de los demás", "el divino castigo" y "la vergüenza del qué dirán", es decir, la preocupación por lo que diga la gente. En tu opinión, ¿qué o quién es culpable por la muerte de este individuo?

_____

_____

estribillo-una estrofa que se repite en la poesía o en la música

C. La quinta estrofa es igual a la tercera. ¿Para ti, qué efecto tiene la repetición del estribillo?

_____

_____

D. En una hoja aparte, escribe un párrafo de cinco o seis oraciones que describa en tus propias palabras lo que pasa en esta balada.

Antes de leer

A. A solas, lee el título y el subtítulo del artículo que sigue.

❶ Normalmente los subtítulos explican un poco más que el título de lo que trata un texto. Según el subtítulo, ¿de qué va a hablar este artículo? Explícalo en tus propias palabras.

_____

❷ Ya leíste que un _fallo positivo_ es el resultado de un análisis que indica que una persona está infectada con la enfermedad; y el término _seropositivos_ se refiere a las personas que ya están infectadas.

Mecano

B. El artículo siguiente menciona el actor norteamericano Anthony Perkins. ¿Qué sabes de él? ¿Puedes adivinar por qué está incluído en este artículo?

_____

C. Las letras grandes que citan el director del Comité Ciudadano Anti-sida declaran que "Lo terrible del sida es el complejo de culpa, sobre todo, en quienes no pertenecen a grupos tradicionales de riesgo".

❶ *Grupos tradicionales de riesgo* quiere decir los grupos de personas que tienen más posibilidades que otras de contraer la enfermedad. ¿Puedes nombrar algunos grupos en particular?

_____

❷ El director del Comité Ciudadano Anti-sida habla de las personas que *no* son de los grupos tradicionales de riesgo. ¿Puedes decir quiénes pueden ser estas personas?

_____

❸ ¿Entiendes lo que quiere decir *complejo de culpa*? Las personas que no pertenecen a los grupos tradicionales de riesgo sienten que han hecho algo malo para estar infectadas con la enfermedad. En tu opinión, ¿por qué sienten culpables si saben que no han hecho nada?

_____

D. El título sobre el último párrafo anuncia: "PAÍS DE ALTO RIESGO". Antes de leer el artículo, ¿por qué crees tú que España es un país donde hay mucha posibilidad de contraer el SIDA? ¿Puedes adivinar cuáles son los grupos de alto riesgo en España?

_____

_____

Dirígete a las actividades que acompañan el artículo de Panorama, una revista española, y úsalas para guiarte por la lectura paso a paso.

La cruzada de Mecano contra el "sida"

Vamos *a contar una historia, que esperamos no se repita jamás.»* **Ana Torroja**, voz femenina del grupo Mecano, se dirigió así a los cerca de 20.000 espectadores que el martes 15 de septiembre abarrotaban la plaza de toros de las Ventas, en Madrid. Eran las once y media de la noche, y el concierto enfilaba su recta final. Entonces comenzaron a sonar los acordes de *Fallo positivo*, canción dedicada al drama de una pareja en que uno de sus miembros, afectado por el virus del SIDA, tras conocer el diagnóstico, renunció al amor y, por vergüenza, acabó suicidándose. Mientras, en las pantallas gigantes de vídeo, situadas a ambos lados del escenario, aparecía un mensaje en letra de imprenta. *«El cariño y la comprensión para con los seropositivos y los enfermos de sida refuerzan sus defensas y les ayudan a combatir su enfermedad, evitando que ésta se desarrolle.»*

Precisamente, pocos días antes, el domingo 13 de septiembre, fallecía en su casa de Los Ángeles a consecuencia de esta infección el mítico actor norteamericano **Anthony Perkins**. Era el último eslabón de una cadena de celebridades que sufrieron los efectos de esta enfermedad, iniciada en 1985 con otra estrella de Hollywood, **Rock Hudson**.

Fallo positivo narra una historia real. **Nacho Cano**, compositor del tema, decidió hace un par de años, según él mismo cuenta, hacerse la prueba del sida. Uno de los médicos que la realizaron le contó este trágico caso, y le impactó tanto que decidió escribir una canción, que Mecano ha incluido en su último elepé, *Aidalai*. Asimismo, decidieron sacar un *maxi-single*, en cuya carpetilla se incluye un panfleto de medidas para prevenir esta enfermedad. *«Intentamos que cada vez que suene esta canción, la gente sepa que el sida está ahí y es un problema de todos»*, asegura **Nacho Cano**.

Sin embargo, esta cruzada musical que el popular grupo está llevando a cabo en España es prácticamente una excepción en un país donde existe una considerable falta de concienciación hacia esta plaga. *«El apoyo de los famosos está siendo muy minoritario. Y, desde luego, hay una falta absoluta de voluntad política para luchar contra el sida»*, denuncia **Blas Momprado**, director del Comité Ciudadano Anti-sida.

País de alto riesgo

No deja de ser una paradoja cuando, según la Organización Mundial de la Salud (OMS), España era a fines de 1991 el tercer país de Europa en número de afectados, después de Francia e Italia y por encima de Inglaterra. La cifra oficial el pasado mes de junio era de 14.533 casos. Pero hay datos mucho más preocupantes: en el primer trimestre del 92, y según las estadísticas del Registro Nacional del Sida, España fue el país europeo que notificó más casos nuevos de sida; y es que sólo en los primeros seis meses del año se ha informado de más casos que durante todo 1989. ■

Mira todo el artículo sin leerlo en detalle. Sólo es necesario leer para familiarizarte con los temas generales.

A. Pon un círculo alrededor de la oración que narra la historia de la canción *Fallo positivo*. ¿Cómo se compara esta síntesis de la canción con la que escribiste? ¿Incluye la tuya la misma información? ¿Cuál de las dos es más concisa?

_____

_____

B. Subraya el párrafo del artículo que explica la importancia de Anthony Perkins. En la actividad C de la sección anterior, **Antes de leer**, ¿adivinaste por qué el artículo habla de Perkins?

C. Pon una X sobre la sección del artículo que explica dónde el compositor de la canción encontró el tema. Pon un círculo alrededor del nombre del compositor.

D. Pon una palomita (√) al lado del párrafo donde el Director del Comité Ciudadano Anti-sida describe el problema que tiene España con tener una campaña contra el SIDA.

❶ Cuando encuentres el párrafo, subraya la expresión "falta de concienciación". Sabiendo que *falta* quiere decir que *hay una necesidad de algo*, ¿puedes adivinar lo que significa esta expresión si sabes que *conciencia* es un cognado?

_____

❷ El mismo párrafo insinúa que los famosos podrían ayudar con esta "falta de concienciación" haciendo una cruzada para informar a la gente, pero su apoyo es minoritario, o poco. Este mismo párrafo menciona otra falta. ¿Cuál es?

_____

E. Lee el último párrafo. Resume en una o dos oraciones el problema del SIDA en España y en Europa, según este artículo.

_____

_____

Después de leer

En grupos de tres o cuatro personas, hablen de los temas siguientes, basándose en el artículo junto con otra información que ya sepan del problema. Una persona debe funcionar como secretario o secretaria del grupo y escribir, en una hoja aparte, un resumen de la discusión para entregar o para presentar a la clase.

A. ¿De dónde vino el SIDA? ¿Qué saben de su historia en América del Norte?

B. ¿Cuáles son los grupos de alto riesgo en EEUU? ¿Son los mismos o diferentes de los de España? ¿Cómo se puede prevenir el contagio de esta enfermedad?

C. ¿Cuáles son otras formas de la cultura popular (el teatro, el cine, la televisión) que han tratado del SIDA como tema? ¿Cuáles son los efectos que el trato de este tema puede tener en la gente?

D. En su opinión, ¿es importante que las personas famosas apoyen a los enfermos de SIDA? Mencionen algunas campañas en que ya participan. ¿Piensan que hay otras maneras de ayudar?

Enlaces opcionales

❶ ¿Qué efecto tiene el SIDA en las relaciones humanas? En una discusión con otras personas o en una composición, explica cómo esta enfermedad ha afectado nuestras relaciones con otras personas. ¿Cómo puede afectar relaciones futuras?

❷ ¿Cómo están tratadas otras relaciones humanas en la cultura popular? En grupos de tres, elijan otro tema de las relaciones humanas que hayan discutido y busquen en el Internet información sobre el tema en inglés y en español. Después, discútanlo con sus compañeros.

❸ De las relaciones humanas que has discutido en esta unidad, ¿cuál es la selección que más te ha afectado? ¿Cuál es la selección con la que más te identificas? ¿Por qué?

Tradiciones, mitos y leyendas

*E*n esta última unidad nos acercamos a la cuestión del origen de la literatura. Nos aproximamos a la pregunta: ¿de dónde viene la literatura? Exploraremos las raíces de la literatura, tanto en España, como en las Américas. Antes de existir textos escritos, la literatura pasó oralmente de persona a persona de generación en generación. Hoy en día tenemos experiencia con la literatura oral gracias a la literatura infantil porque, de niños, aprendimos rimas y cuentos al escucharlos y repetirlos.

Esta unidad incluye ejemplos de la literatura infantil para que la experimentemos desde otra perspectiva. Según Carmen Bravo-Villasante, experta española en la literatura infantil, las rimas y los juegos de la literatura infantil son "alegría y poesía" y muchos se basan en la música. Debido a la importancia del ritmo y su función neumónica, la música tiene una estrecha relación con toda la literatura temprana. La poesía, los mitos, hasta los cantos gregorianos nos enlazan con nuestras tradiciones antiguas, las cuales todavía nos ofrecen una riqueza alegórica basada en hechos reales, históricos o filosóficos.

Selecciones 1
Advinanzas, Trabalenguas y La bella durmiente del bosque

Antes de leer

A. Lo siguiente es una advinanza. Es una rima que describe algo que se tiene que adivinar. Tiene su origen en el folkore infantil. Las adivinanzas existen en muchas culturas. Lee la rima.

> *Una cara y dos manos*
> *pegadas en la pared.*
> *¿Qué es?*

B. Ahora, adivina lo que describe.

a. El hombre.   b. El reloj.   c. La pintura.

Dirígete a las actividades que acompañan las adivinanzas.

Lectura
Adivinanzas

Verde nace,
verde se cría,
y verde sube
los troncos de arriba.

_____

Tan grande como un boquerón
y guarda la casa mejor que un león.

_____

Una figura sin pies
corría, andaba y saltaba;
andaba de mano en mano
y nunca estaba parada.

_____

Soy un galán muy hermoso,
de todas las damas querido,
nunca he hablado verdad
ni en mentiras me han cogido.

_____

Soy redonda, soy de goma,
soy de madera o metal,
acostumbro a ir a parar
con otra amiga igual.

_____

Salimos cuando anochece,
nos vamos al cantar el gallo,
y hay quien dice que las ve
cuando le pisan un callo.

_____

¿Qué es, qué es,
que te da en la cara
y no lo ves?

_____

Cierta personita
tan buena será,
que nada nos pide,
y todo nos da.

_____

Una copa redonda y negra,
boca arriba está vacía,
y boca abajo está llena.

_____

A. Lee las adivinanzas y escribe la respuesta al lado de cada una. No
es necesario saber todo el vocabulario. Usa el vocabulario que sabes
y los dibujos de las respuestas posibles que están a continuación.

la llave

el sombrero

el lagarto

las estrellas

la pelota

la madre

la rueda

el espejo

el viento

B. ¿Qué elementos comunes tienen todas las adivinanzas (estructura, vocabulario, qué más)?

_____

_____

_____

C. Usando los ejemplos anteriores, escribe una adivinanza original. Léeles la adivinanza a tus compañeros de clase. Tienen que adivinar la respuesta, ¡claro!

_____

_____

_____

_____

_____

D. Como las adivinanzas son de la tradición oral, en general tienen mucho ritmo y son agradables para escuchar. En grupos de tres o cuatro, elijan dos de las adivinanzas anteriores, practíquenlas y léanselas en voz alta a los otros del grupo.

Antes de leer

A. ¿Cuáles son las dos palabras que forman la palabra *trabalenguas*?

_____   _____

B. Después de nombrar las palabras, escribe una posible definición de la palabra *trabalenguas*

_____

_____

Dirígete a las actividades que acompañan los trabalenguas.

Había un perro
debajo de un carro,
vino otro perro,
y le mordió el rabo.
Pobre perrito,
Sin su rabito.

Paco, Peco, chico rico,
insultaba como un loco
a su tío Federico,
y éste dijo: "Poco a poco,
Paco Peco, poco pico."

El presidente de la República
avisa al público de la República
que el agua pública se va a acabar,
para que el público de la República
lleve agua pública
de la República
a la ciudad.

En un tosco plato
comen tres tristes tigres trigo;
un tigre, dos tigres, tres tigres.

A. Como las adivinanzas, los trabalenguas son de la literatura infantil. ¿Cómo se parecen a las adivinanzas? ¿Cómo son diferentes?

_____

_____

_____

B. Hay un dicho en inglés y en español que describe a una persona que tiene vergüenza: "salir (o irse) con el rabo entre las piernas". Ahora puedes adivinar lo que significa *rabo* y *rabito* en los trabalenguas.

C. Los trabalenguas son divertidos para practicar la pronunciación. Léelos en voz alta. ¡Buena suerte!

D. Vuelve a leer los trabalenguas con un(a) compañero(a) de clase. Cada persona debe escoger el que lea mejor para interpretarlo delante de la clase.

Antes de leer

Los cuentos de hadas, como las adivinanzas y los trabalenguas, tienen un origen folklórico. Son relatos en los que hay un ser fantástico de sexo femenino que tiene poder mágico. A causa de sus orígenes orales, el mismo cuento puede tener varias versiones. A veces el mismo cuento de hadas existe en otra versión en otra cultura, país o lengua. Por eso, hay cuentos populares en los EEUU que son semejantes a los cuentos típicos de Europa y Latinoamérica. También las películas y productos de Disney han tenido un efecto tremendo en homogeneizar las varias versiones de los cuentos de hadas.

A. Completa el siguiente cuestionario.

❶ ¿Qué tipo de literatura recuerdas haber leído (o haber escuchado) de niño(a)? Pon una palomita (√) al lado de lo que recuerdes de tu niñez.

☐ trabalenguas   ☐ cuentos de hadas   ☐ romances (son baladas)

☐ juegos   ☐ rimas   ☐ canciones

☐ poemas   ☐ adivinanzas

B. ¿Reconoces los títulos de los cuentos de hadas de la lista siguiente? Responde sí o no.

Alicia en el país de las maravillas   _____

El gato con botas   _____

Los tres osos   _____

La bella durmiente del bosque   _____

Caperucita roja   _____

El hombrecito de mazapán   _____

Blancanieves   _____

Los tres cerditos   _____

La Cenicienta   _____

Los siete cabritillos traviesos   _____

El patito feo   _____

El soldadito de plomo   _____

Dirígete a las actividades que acompañan el cuento de hadas y úsalas para guiarte por ella.

La bella durmiente del bosque

Érase una vez un rey y una reina que se lamentaban de no tener hijos. Pero al cabo de un tiempo, la Reina dio a luz una niña. Estaban tan contentos que el Rey anunció una gran fiesta para después del bautizo.

5   Invitaron a todas las hadas que hallaron en el reino—un total de siete—, que fueron escogidas como madrinas de la pequeña Princesa.

    El Rey había preparado para cada hada un regalo: Un cofrecillo, hecho de oro, rubíes y diamantes. Éste contenía una cuchara, un te-
10 nedor y un cuchillo, también en oro. Colocaron los cofrecillos sobre la mesa, ya preparada para el festín.

    Con sus poderes mágicos, cada hada otorgó a la pequeña princesa un don. La más joven dijo:—Princesa, tú serás la más bella del mundo. La siguiente:—Poseerás el espíritu de un ángel. La tercera anunció:—
15 Tú serás, princesita, la más graciosa de todas las habidas. La cuarta:— Bailarás con toda perfección. La quinta:—Cantarás como un ruiseñor. La sexta predijo:—Tocarás maravillosamente todos los instrumentos.

    De imprevisto, una fea y vieja mujer entró en la sala. ¡Oh! ¡Era el hada malvada que creían muerta desde hacía tiempo! El hada malvada,
20 al ver que no se había previsto un sitio para ella en la mesa, ni ningún cofrecillo de oro, lanzó muy furiosa una maldición contra la Prin- cesa:—¡Un día te pincharás con una aguja y morirás!

    Pero entonces la última de las hadas buenas, que estaba tras una cortina, salió y dijo con voz dulce:—Majestades, es cierto que
25 vuestra hija se pinchará el dedo con una aguja, pero no morirá. En- trará en un profundo sueño, y pasados cien años un príncipe la des- pertará.

    El Rey, asustado, ordenó que se destruyeran todas las agujas del reino, y que nadie más, en todo el reino, cosiera.
30   Pasaron dieciséis años sin que nada ocurriese... hasta que un día la Princesa, paseando por el gran castillo, descubrió una pequeña habita- ción. En ella había una anciana que cosía con aguja e hilo... ¡Nunca había oído de las órdenes del Rey!—¡Oh, qué interesante trabajo!— exclamó la joven Princesa—Enseñadme cómo lo hacéis, pidió. Enton-
35 ces, cuando cogió la aguja... ¡Se pinchó en el dedo, tal como predijo el hada malvada! Al instante la princesita cayó al suelo, quedando sumida en un largo y profundo sueño.

    Tras saberlo el Rey, y acordándose de las palabras del hada buena, trasladó a la bella Princesa a la mejor habitación del castillo. La acostó
40 en un suntuoso lecho de oro y plata. En seguida, el Rey mandó llamar

al hada buena que, rápidamente, llegó en una mágica carroza tirada por dragones. El hada dijo al Rey:—Majestad, para que nuestra Princesa no se encuentre sola en el sueño, todos los habitantes del castillo, excepto vos y la Reina, dormirán y no despertarán hasta que ella abra de nuevo
45 sus ojos.

Tras haber pronunciado estas palabras, todos los habitantes del castillo cayeron dormidos en el lugar donde estaban, excepto el Rey y la Reina, que anunciaron al mundo que el castillo sería cerrado.

A partir de aquel día, creció un bosque mágico alrededor del castillo,
50 que no permitió que nadie se acercase. Un espeso manto de hiedra y plantas espinosas cerró puertas y ventanas. Y así pasaron cien años hasta que, un buen día, un apuesto príncipe pasó cerca del castillo, montado en su corcel. Tan pronto vio el castillo, desmontó y apenas hubo pisado el suelo, el bosque impenetrable se abrió ante sus ojos. Fue
55 entonces cuando el Príncipe entró en aquellos dominios, donde todo el mundo parecía dormir.

En una gran sala del castillo vio un magnífico lecho de oro y plata. Al acercarse a él, vio a la hermosa Princesa durmiendo. Asombrado por su belleza, el apuesto Príncipe se inclinó para darle un suave beso. De
60 repente, la bella Princesa despertó. Y con ella también despertaron todos los habitantes del castillo, muy soprendidos. Todos, con mucha hambre, celebraron una gran fiesta. Bailaron al son de una antigua y sorprendente música que la orquesta no había tocado desde hacía un siglo.
65 La bella Princesa y el apuesto Príncipe quedaron tan enamorados que, al día siguiente, una gran boda les unió para siempre. ■

A. A solas, da un vistazo al cuento. ¿Cuáles son las tres primeras palabras que empiezan el cuento?

_____

Éste es el comienzo tradicional de un cuento de hadas en español.

B. Mira los dibujos siguientes. Sin leer el cuento, adivina en qué orden deben ser colocados para contar la historia. Usando un lápiz, escribe un número en el espacio que acompaña cada dibujo para indicar el orden en que tú crees que deben ir.

C. Ahora, usando los dibujos en la página 197 para guiarte por el cuento de hadas, repásalo y escribe los números 1–10 al lado de los dibujos. Según los sucesos en el cuento, ponlos en orden.

D. Ahora, lee el cuento. ¿Adivinaste bien el orden del cuento antes de leerlo? Si tenías algún número incorrecto, cámbialo.

E. Con un(a) compañero(a), hagan un resumen del cuento. Describan cada dibujo con una o dos oraciones.

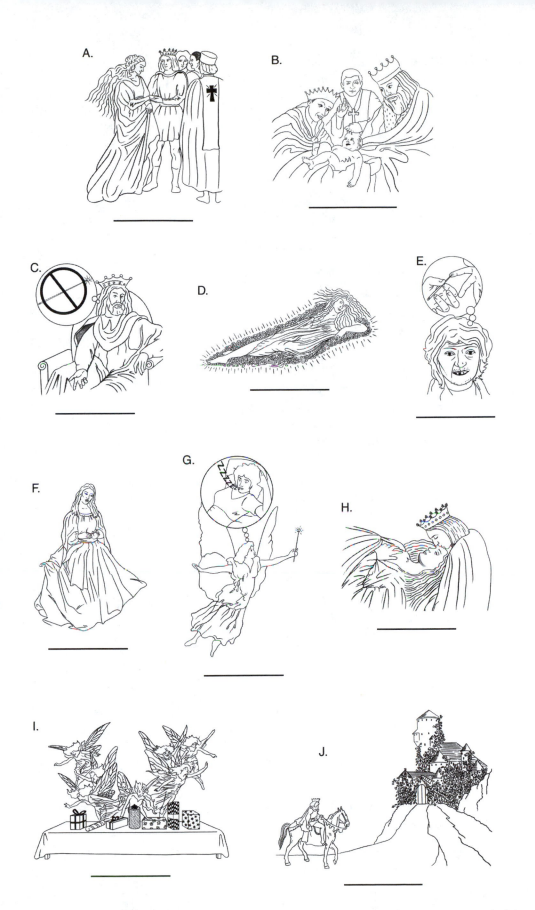

A.

B.

C.

D.

E.

F.

G.

H.

I.

J.

Después de leer

A. Se dice que el ambiente en los cuentos de hadas es de blanco y negro; es decir, es evidente quiénes son los buenos y quiénes son los malos.

❶ Identifiquen los buenos y los malos en *La bella durmiente del bosque*.

Los buenos	Los malos
_____	_____
_____	_____
_____	_____
_____	_____

❷ En grupos de tres o cuatro personas, en español escriban una lista de unos malos típicos de otros cuentos de hadas, de películas o de programas de televisión. Intenten dar sus nombres.

Nombres de programas o películas	Los malos
_____	_____
_____	_____
_____	_____
_____	_____

B. A solas, escoge a cuatro personajes de *La bella durmiente del bosque*—dos mujeres y dos hombres.

❶ En una hoja aparte, inventa una descripción detallada; por lo tanto, tendrás que imaginar cómo son los personajes para escribir un párrafo que describa a cada uno.

El hada buena es frágil y bonita. Siempre se viste de blanco. Desea ayudar a las personas buenas e inocentes...

❷ Después, léeles las descripciones a tus compañeros de clase para ver si pueden adivinar a quiénes describen.

Enlaces opcionales

❶ Compara y contrasta el mundo del cuento de hadas de *La bella durmiente del bosque* con la historia de la vida real en *La güera*. Comenta cómo vivían los personajes y contrasta el mundo de fantasía con el mundo real. ¿Cómo terminan las dos obras?

❷ Busca en el Internet información sobre la tradición oral en la literatura en general. Busca "mito", "leyenda", "cuento de hadas", etc. Infórmale a la clase sobre lo que encuentres.

❸ Después de leer las advinanzas, los trabalenguas y *La bella durmiente del bosque,* escribe una página en una hoja aparte que defienda la siguiente idea:

La literatura infantil es para personas de todas las edades porque...

Selecciones 2
Lanzarote y Una pastora

El romancero viejo, como la literatura infantil en la sección anterior, tiene su origen en la literatura oral. Durante los siglos XIV y XV estos poemas cortos y populares eran cantados por juglares* para entretener a la gente. A veces son fragmentos de poemas épicos, es decir, poemas muy largos como el *Poema del Cid*, que, por ser versos favoritos del público, el juglar los repetía. El *Poema del Cid*, o el *Cantar de Mío Cid*, es la primera obra conocida de la lengua castellana. Fue compuesto hacia mediados del siglo XII (1140) para celebrar las hazañas de Rodrigo Díaz de Vivar, héroe castellano conocido como el Cid que, según el poema, luchó para reconquistar las tierras ibéricas de los musulmanes.** El cantar nos ha llegado a nosotros en un manuscrito anónimo.

No se sabe exactamente cuándo se empezó a contar el romance titulado *Lanzarote*, pero su texto fue registrado por primera vez en Asturias, una región en el norte de España, alrededor del año 1870 por Juan Menéndez Pidal. Fue publicado por Marcelino Menéndez y Pelayo con los *Romances populares*.***

El romance de *Una pastora* fue encontrado y grabado en disco por Joaquín Díaz, un investigador-cantante de España que se dedica a coleccionar y grabar, tanto romances españoles como sefardíes.

Antes de leer

A. ¿Qué sabes de la tradición oral en la literatura mundial?
En parejas, busquen la descripción que mejor defina cada obra y escribe su letra al lado de la obra.

---

*Un juglar es una persona de la época medieval que se ganaba la vida recitando versos.

**Charlton Heston interpretó el papel del Cid en una película de Hollywood del mismo nombre, que ahora se considera una película clásica.

***Composición poética de versos de ocho sílabas (u octosílabos) en un número indefinido con rima asonante en los versos pares y sueltos (o sin rima) en los impares.

_____ 1. La Odisea   _____ 4. Canción de
                                                   Rolando (Cantar
                                                   de Roldán)

_____ 2. La Ilíada   _____ 5. La Canción de los
                                                   Nibelungos

_____ 3. La Eneida   _____ 6. Beowulfo

a. Poema épico atribuído a Homero que relata los combates en la guerra de Troya.

b. Poema anglosajón del siglo VIII que tiene como héroe un rey legendario de Jutlandia.

c. Poema épico germánico que fue escrito hacia 1200 en lo que entonces era Alemania del sur. Cuenta las hazañas de Sigfrido, el dueño del tesoro de los Nibelungos, para ayudar a Gunther a conquistar la mano de Brunilda, su casamiento con Crimilda y su muerte a manos del traidor Hagan y la venganza de Brunilda.

d. Poema épico de Virgilio que trata de las aventuras de Eneas. Compuesto en el siglo IX a. de J.C. (antes de Jesucristo).

e. Un famoso poema francés del siglo XII que cuenta las aventuras de Rolando/Roldán/Orlando, un héroe legendario de la época de Carlomagno.

f. Poema épico atribuído a Homero. Cuenta los viajes de Ulises después de la toma de Troya y su regreso al reino de Itaca.

B. ¿Cuántos de la clase han leído las obras de la lista? ¿Hay alguien que pueda contar brevemente la historia de alguna de ellas?

C. ¿Cuál es el tema principal de cada obra? Escríbanlo en una a tres palabras al lado de cada título en la lista anterior.

D. Acordándose de que estas obras son clásicas y universales, ¿qué sentimientos evocan estas obras? ¿el amor, el odio, la envidia, la venganza? Si no conocen estas obras, adivinen.

Dirígete a las actividades que acompañan el romance y úsalas para guiarte por la lectura paso a paso.

Answers: 1. f 2. a 3. d 4. e 5. c 6. b

Lanzarote

'Vengo brindado, Mariana,
para una boda el domingo.'
'Esa boda, don Alonso,
debiera de ser conmigo.'
5   'No es conmigo, Mariana;
es con un hermano mío.'
'Siéntate aquí, don Alonso,
en este escaño florido,
que me lo dejó mi padre
10 para el que case conmigo.'
    Se sentara don Alonso,
presto se quedó dormido;
Mariana como discreta
se fue a su jardín florido;
15 tres onzas de solimán,
cuatro de acero molido,
la sangre de tres culebras,
la piel de un lagarto vivo,
y la espinilla del sapo
20 todo se lo echó en el vino.
    'Bebe vino, don Alonso,
don Alonso, bebe vino.'
'Bebe primero, Mariana,
que así está puesto en estilo.'
25 Mariana como discreta

por el pecho lo ha vertido;
don Alonso como joven
todo el vino se ha bebido
con la fuerza del veneno
30 los dientes se le han caído.
'Qué es esto, Mariana?
¿Qué es esto que tiene el vino?'
'Tres onzas de solimán,
cuatro de acero molido,
35 la sangre de tres culebras,
la piel de un lagarto vivo,
y la espinilla del sapo
para robarte el sentido.'
'¡Sáname, buena Mariana,
40 que me casaré contigo!'
'No puede ser, don Alonso,
que el corazón te ha partido.'
'¡Adiós, esposa del alma,
presto quedas sin marido!
45 '¡Adiós, padres de mi vida,
presto quedaron sin hijo!
Cuando salí de mi casa
salí en un caballo pío
y ahora voy para la Iglesia
50 en una caja de pino.'

A. Lee el romance la primera vez sin buscar vocabulario en el diccionario. Te sorprenderás de lo mucho que se puede entender sin saber todas las palabras. Normalmente los romances evocan una variedad de sentimientos. ¿Qué sentimientos se evocan en este?

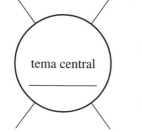

tema central

B. En tu opinión, ¿cuál es el tema central? ¿los subtemas? Escribe tus ideas en el siguiente esquema. Pon el tema dentro del círculo y los subtemas en las líneas.

C. Describe la narración. ¿Se narra en primera o tercera persona? ¿Es un monólogo, un diálogo o una combinación?

D. ¿Quiénes son los personajes principales? ¿Qué papel (rol) hace cada uno en la historia?

Personaje	Papel del personaje
_____	_____
_____	_____
_____	_____
_____	_____

❶ ¿Cómo muere don Alonso? _____

❷ ¿De qué hace el veneno Mariana? En la primera columna, escribe una lista de los ingredientes que reconozcas y en la otra lista los que no reconozcas. ¿Es necesario reconocer todos los ingredientes para entender el efecto que producen?

_____	_____
_____	_____
_____	_____

❸ Si Alonso le pide a Mariana beber primero, ¿por qué no muere ella?

_____

❹ ¿Por qué sospecha don Alonso que le ha envenenado?

_____

E. Ahora, en una hoja aparte, resume lo que pasa en unas ocho o diez oraciones. Escribe tu narración en tercera persona, empezando con las siguientes palabras.

Don Alonso viene a asistir a la boda de Mariana y su hermano, pero Mariana...

F. Compara tu narración con la de otra persona. ¿Incluye la narración de tu compañero(a) los mismos detalles? ¿Falta algo importante? Vuelve a escribir una segunda versión para entregársela a tu profesor(a).

Antes de leer

A. Con toda la clase, hablen de lo que sepan de la historia de los judíos en España (y si no saben nada, lean la información que sigue).

B. Después de escribir toda la información que puedan en la pizarra, hagan las actividades siguientes para informarse.

❶ Hasta hoy en día, ¿qué religión predomina en España y consecuentemente en los países hispanoamericanos que fueron colonias españolas?

_____

❷ Antes del siglo XVI había otras dos religiones importantes representadas en la Península Ibérica, es decir, en lo que hoy es España y Portugal. ¿Cuáles fueron? _____ y _____ (Si no saben, pregúntenselas a su profesor.)

❸ El año 1492 tiene mucha importancia en la historia de España. Es conocido que es el año del famoso viaje de Cristóbal Colón. Es también en este año que los cristianos conquistan el Reino de Granada de los mulsulmanes. Los árabes habían previamente conquistado el norte de África, y desde allí, en 711 invadieron la casi totalidad de la Península Ibérica. Granada es el último territorio que los cristianos tuvieron que tomar para terminar la Reconquista. ¿Pueden nombrar algunas influencias que los árabes dejaron en la Península Ibérica (arquitectura, lengua, etc.)? Pongan una palomita (√) al lado de las aportaciones que Uds. creen que los árabes dieron a la cultura hispánica.

La Mezquita, Córdoba, España.

1. ☐ números arábigos (1, 2, 3...)
2. ☐ el latín
3. ☐ la mezquita de Córdoba (sitio sagrado)
4. ☐ el "arabesco", palabra que se asocia con la arquitectura el ballet y la música
5. ☐ el feudalismo
6. ☐ palabras como _alcachofa, algodón, azúcar_
7. ☐ la corrida de toros

❹ El año 1492 marca otro acontecimiento importante en la historia de España, la expulsión de los judíos. Las causas de esta acción son numerosas y complejas, pero el resultado final tendrá una influencia decisiva en la futura historia de España. Los judíos españoles, o sefarditas, tuvieron que emigrar a otros lugares como Italia, los Balcanes y los países del norte de África. Cuando los judíos fueron expulsados, España perdió una gran riqueza no solamente humana, sino también económica. Los judíos sefardíes siguen manteniendo hoy día las tradiciones y costumbres de su antigua tierra incluyendo la lengua, el ladino (castellano antiguo). El romance que sigue es un ejemplo de esta tradición.

Dirígete a las actividades que acompañan el romance y úsalas para guiarte por la lectura paso a paso.

_____

Answers: Deben haber indicado los números 1, 3, 4, 5 y 6.

Una pastora yo amí
una hija hermoza de mi chiquez yo la adorí
más que ella no amí.
Un día que estábamos
5 en la puerta asentados
la dije yo, por ti mi flor
me muero de amor.
En sus brazos me estrechó y con amor ella me besó
me respondió con dulzor
10 sos chico para amor;
Me engrandecí y la busquí
otro tomó y la pedrí
se olvidó y me dejó
ma yo siempre la quero.

A. El romance, *Una pastora* es muy breve. La lengua es un castellano del siglo XV cuando los judíos fueron expulsados de la Península, así que algunas palabras no son iguales a las que se usan en el idioma actual, aunque su similaridad es evidente.

❶ Subraya todas las palabras que han cambiado en el castellano hablado de hoy en día. Por ejemplo, en el primer verso subraya *amí*, que es *amé*, hoy en día, y en el segundo *hermoza*, etc.

❷ Abajo hay una lista de verbos del romance que son diferentes del castellano moderno. Al lado de cada verbo, escribe la forma actual del verbo.

amí _____ *amé* _____

busquí _____ _____

pedrí _____ _____

adorí _____ _____

❸ ¿Qué conclusiones puedes sacar de la formación del pretérito en el dialecto sefardita?

_____

❹ ¿Cuáles son los tres verbos que están en el presente?

_____, _____ y _____

¿Qué diferencias hay con el castellano moderno?

_____

5 ¿Puedes adivinar lo que significan las palabras siguientes? Escribe su forma moderna en la columna de la derecha.

hermoza   _____

chiquez   _____

ma   _____

B. Lee todo el romance una vez más.

1 ¿Cuál es su tema principal? ¿Qué sentimientos se evocan?

_____

2 Escribe un resumen de este romance en tres o cuatro oraciones.

_____

_____

_____

_____

Después de leer

A. En parejas, comenten lo siguiente: ¿Qué propósito tienen los romances?¿Incluyen una moraleja, o un mensaje que nos quiere enseñar? ¿Cuál es el propósito de los cuentos de hadas? ¿Contienen una moraleja? ¿Qué les enseñan a los niños?

B. ¿Qué elementos poseen los romances para hacerlos populares? ¿Qué características tienen para entretener a la gente? ¿Podrían divertir al público moderno? ¿Cuáles son algunos aspectos que comparten los romances con el entretenimiento de hoy?

C. A solas, ¿Cuál de los romances que leíste haría la mejor película o telenovela? Elige uno y escríbele una carta a un(a) director(a) en la que le propones hacer una película o una telenovela. En la carta (1) describe brevemente el tema, (2) sugiere actores para los roles principales, (3) indica el público a que debe ser dirigida (los niños, los jóvenes, los adultos, etc.) y (4) convéncele del sitio donde debe tener lugar (la ciudad, el estado, el país).

Enlaces opcionales

1 El amor es el tema de los romances de esta selección y el tema de la novela *Como agua para chocolate*. Compara y contrasta la imagen del amor en estas obras.

2 Después de leer los romances, las adivinanzas, los trabalenguas y el cuento de hadas, discute con tus compañeros los distintos rasgos de la literatura oral.

3 ¿Conoces algunas baladas de la música popular con temas de amor? Compara las modernas con las antiguas.

Selecciones 3

Los Monjes de Silos lanzan su canto al mercado mundial y La vida de Santo Domingo de Silos

BIO: Gonzalo de Berceo (¿1195–1264?)

El clérigo español GONZALO DE BERCEO se crió y trabajó a la sombra del monasterio San Millán de la Cogolla. Su poesía, que pertenece a la tradición del mester de clerecía*, refleja una fervorosa y sencilla religiosidad. En el poema "La vida de Santo Domingo de Silos" (una versión modernizada del español antiguo por Elena Catena), veremos que Santo Domingo fue primero pastor de ovejas, oficio humilde que Berceo ensalza; y después, siguiendo el ejemplo de Cristo, Berceo mismo se convirtió en pastor de almas.

Antes de leer la obra de Berceo, vamos a leer "Los Monjes de Silos lanzan su canto al mercado mundial", un artículo que apareció en el periódico español *El País*, Edición Internacional, el 28 de febrero de 1994.

---

*El mester de clerecía es la poesía cultivada por personas religiosas o eruditas durante la época medieval.

Antes de leer

A. En grupos de dos o tres, discutan las siguientes ideas:

❶ Un *monje* es una *figura religiosa* que, a veces, lleva un hábito. Generalmente es católico. Algunos monjes de órdenes religiosas tradicionales viven en monasterios; algunos son algo solitarios. La forma femenina es *monja*. ¿Qué imagen tienen de la vida de monje? ¿Conocen ustedes a algunos monjes o monjas?

❷ En el esquema a la izquierda, escriban diez palabras que se asocian con la vida de monasterio.

❸ Al pensar en los monjes y los monasterios, ¿en qué tipo o tipos de música piensan? Expliquen cómo es esta música.

la vida de monasterio

_____

_____

_____

B. En tu clase, pasa de compañero(a) a compañero(a) preguntando e identificando a personas que hayan hecho las siguientes actividades o que reúnan las condiciones indicadas. Cuando encuentres a alguien que conteste sí, apunta su nombre al lado de la frase correspondiente.

Busca a alguien...

1. que haya conocido a un monje o a una monja. _____

2. que haya cantado en un coro alguna vez. _____

3. que haya visto una película con monjes o monjas.
Apunta el título de la película: _____

4. que haya estado en un monasterio.
¿Dónde? _____

5. que haya escuchado un canto gregoriano.* _____

6. a quien le guste la música religiosa (de cualquier religión). _____

7. que tenga un disco compacto de música religiosa en casa. _____

C. Históricamente se sabe que muchas veces se encuentran los comienzos del arte y de la literatura en la Iglesia. Desde la época romana, la religión católica ha predominado en España, y más tarde, en todo el mundo hispano. En grupos de dos o tres, piensen en lo que sepan de la historia. ¿Por qué era la Iglesia europea un

---

*Los cantos "gregorianos" heredaron su nombre del Papa Gregorio Magno (¿540?–604), que reformó el canto coral.

sitio lógico para desarrollar el arte y la literatura? Apunten sus ideas.

_____

_____

_____

D. De sólo ver el título del artículo "Los Monjes de Silos lanzan su canto al mercado mundial", ¿de qué crees que va a tratar el texto? Apunta tus ideas.

_____

_____

_____

E. A continuación hay una lista de palabras o frases sacadas del artículo mismo. Te va a dar más ideas sobre el contenido del artículo. Léela. Después, en grupos de tres o cuatro personas, charlen y adivinen lo que parece que van a encontrar en el artículo.

disco grabado	canto gregoriano	monjes benedictinos
está tranquila	éxito de ventas	necesidades
espirituales	el canto es oración	música medieval
música clásica	música pop y rock	*royalties*
1% de las ventas	no tener	no necesitar

F. Mira el título de la lectura.

1 ¿Qué significa "Santo Domingo"?

_____

2 ¿Qué podría significar "de Silos"? Da un vistazo al artículo. ¿En qué país está el Monasterio Benedictino de Santo Domingo de

Silos? _____

Dirígete a las actividades que acompañan el artículo y úsalas para guiarte por la lectura paso a paso.

Lectura
Los Monjes de Silos lanzan su canto al mercado mundial

GONZALO BOTÍN

Madrid

Nunca un disco grabado en España había despertado tanta expectación internacional. Un centenar de periodistas de todo el mundo se dieron cita el miércoles 23 en Madrid en la presentación del disco de canto gregoriano de los monjes benedictinos del monasterio burgalés de Silos. Tras conquistar las listas de éxitos españolas—con más de 300.000 ejemplares vendidos—, se lanzan ahora al mercado internacional. Con serenidad monacal, el abad Clemente Serna, aseguró que no le preocupa el rendimiento económico del disco: "Nuestro principio es no necesitar nada".

El abad Serna se mostró imperturbable en medio del ajetreo de *flashes*, preguntas, y cámaras de televisión. Según el prior de Santo Domingo de Silos, el follón creado por la repercusión del disco no ha alterado la vida del monasterio: "La comunidad está tranquila, ya que no vemos la televisión, no escuchamos la radio ni leemos los periódicos". Sí que reconoció lo inesperado del éxito de ventas: "En Silos estamos sorprendidos del éxito del disco, sobre todo entre los jóvenes, ya que conocemos sus gustos musicales", señaló sonriente. Y analizando las causas de esta magnífica acogida, indicó: "La sociedad no ofrece a la gente lo que necesita, no satisface sus necesidades espirituales; creo que

hay un profundo deseo de cambio".

El abad reconoció que ha aumentado mucho el número de visitantes "sobre todo a la misa del domingo", e invitó la gente a participar en los cantos "sin olvidar que el canto es oración".

El director del coro de Santo Domingo, Ismael Fernández de la Cuesta, especialista en canto gregoriano y música medieval, cuya relación con Silos se remonta a sus años en los que fue primer niño cantor del coro, abundó en los apectos técnicos de la grabación, la historia de la música gregoriana y de la música en general. Indicó que el canto gregoriano comenzó en los primeros años del cristianismo y sufrió un duro revés en el Concilio Vaticano II, a principios de

los años sesenta, cuando se introdujo la lengua vernácula en las iglesias.

Fernández de la Cuesta dijo que los coros profanos que cantan gregoriano "no alcanzan la dignidad ni la espiritualidad de los coros de monjes", y destacó que el disco refleja el estilo de Silos, caracterizado por "una profunda interioridad unida a una gran expresividad textual, lo que produce una perfecta armonía entre los textos y la música".

Sobre la tradición del canto gregoriano en Silos, el abad Serna dijo que tras el Concilio Vaticano II, su monasterio decidió continuar con el gregoriano "ante la pobreza de los cantos en castellano".

Rafael Pérez Arroyo, res-

CANTO GREGORIANO

Original International Bestseller

Coro de monjes del Monasterio Benedictino de Santo Domingo de Silos

ponsable de la división de música clásica en España de la compañía discográfica EMI—editora del disco—, señaló que el éxito se debe a razones sociológicas y musicales, y destacó que "la música pop y rock ha sufrido un gran desgaste creativo en los últimos años, y ha perdido el contacto con el público". El presidente de EMI en España, Rafael Gil, ofreció su propio diagnóstico: "Es evidente que el éxito no puede achacarse a la campaña de lanzamiento, que ha sido muy modesta. La respuesta ha sido espontánea, desbordando todas nuestras expectativas, aunque es cierto que esperábamos una buena acogida".

Las condiciones del contrato entre EMI y Silos fue también objeto de atención. Rafael Gil desmintió que los monjes fuesen a recibir sólo un 1% de las ventas del disco, aunque se negó a hablar de las condiciones concretas del contrato, que se firmó con la compañía Hispavox—absorbida después por EMI—en 1973. Sí dijo que el monasterio recibirá "una parte justa de las ventas".

El abad Serna tampoco quiso desvelar los términos del acuerdo. Precisó que el dinero que obtengan en concepto de *royalties* se destinará al mantenimiento del monasterio de Silos, a ayudar a otros monasterios de monjas y a diversas obras en el tercer mundo. "De todas formas, el aspecto económico no nos preocupa demasiado; nuestro principio es no necesitar, no no tener", sentenció el Abad. ∎

EL PAIS. Edición Internacional. Lunes, 28 de febrero de 1994.

A. En grupos de dos o tres, pongan estas oraciones en el orden en que aparece la información en el artículo. Usen números para indicar el orden.

_____ **a.** Ahora hay más visitantes al monasterio sobre todo para misa los domingos.

_____ **b.** El canto gregoriano empezó del principio, del cristianismo.

_____ **c.** Los coros de monjes son mejores que los coros profanos, porque producen una perfecta armonía entre los textos y la música.

_____ **d.** El éxito no ha cambiado la vida del monasterio.

_____ **e.** El lema de la vida de los monjes de Silos es "no necesitar" y "no tener".

_____ **f.** El disco de canto gregoriano ha tenido mucho éxito dentro de España e internacionalmente.

_____ **g.** El abad se sorprendió mucho por el éxito que ha tenido entre los jóvenes.

_____ **h.** En los últimos años la música popular sufre una falta de creatividad.

_____ **i.** Los monjes firmaron su contrato con una compañía hace más de veinte años.

B. Según el artículo, la lengua vernácula es castellano (o español) y los monjes no cantan en español. ¿En qué lengua cantan los cantos

gregorianos?_____

_____

Answers: a. 4 b. 5 c. 6 d. 2 e. 9 f. 1 g. 3 h. 7 i. 8

Antes de leer

A. El nombre Santo Domingo de Silos ocurre de nuevo en el título del poema que vamos a leer. El título revela que el poema tratará de la vida de Santo Domingo. Todos los acontecimientos en el poema están en orden cronológico. Al relacionar el aspecto cronológico con la vida del hombre, ¿qué elementos anticipas? ¿Cuáles son los eventos o momentos que ocurren en la vida de cualquier ser humano? Discute tus ideas con toda la clase.

B. ¿Qué quiere decir *pastor*? Define el término, considerando las dos definiciones de la palabra. Apúntalas.

❶ _____

❷ _____

Ahora dirígete a las actividades que acompañan el poema y úsalas para guiarte por la lectura paso a paso.

Vida de Santo Domingo de Silos

[. . .] Era el *Pater Noster* en sus labios frecuente,
también el *Credo in Deum*, todo completamente,
con otras oraciones que usaba comúnmente;
ponían estas nuevas al diablo furente.

5   Vivía con sus padres la santa criatura,
el padre y la madre queríanlo sin mesura;
en ninguna otra cosa encontraba dulzura,
estar a sus dictados de corazón procura.

      Cuando, ya mayorcillo, se podía gobernar
10 encargóle el padre las ovejas guardar;
obedecióle el hijo, pues no quería pecar;
salió con su ganado, comenzólo a guiar.

      Guiaba su ganado como hace el buen pastor;
bien como él no lo haría otro guardián mayor;
15 no quería que entrasen en ajena labor;
con él iba el ganado a todo su sabor.

                    . . .

      El Pastor que no duerme en ninguna ocasión,
que hizo los abismos que sin fondo son,
guardaba el ganado de toda pasión;
20 estrago en él no hacía ni lobo ni ladrón.

      Con la gran vigilancia que el pastor le prestaba,
y con la santa gracia que Dios suministraba,
prosperaba el ganado, día a día mejoraba,
de manera que a algunos la envidia los tomaba.

25   Abel el primer mártir, fue el pastor primero,
a Dios en sacrificio dio el mejor cordero;
hízole Dios por ello en el cielo heredero;
séale el de Silos en todo compañero.

                    . . .

      Oficio es de precio y no de villanía;
30 su hondo significado le da gran señoría;
David, tan noble rey, lanza de gran valía,
sin dudas su comienzo tuvo en la pastoría.

      Y Nuestro Señor, Cristo, tan alta majestad,
dijo que era pastor, y bueno de verdad;
35 a obispos y abades, puestos en dignidad,
sus pastores os llama toda la Cristiandad.
También Santo Domingo fue primero pastor,
después fue de las almas padre y guiador;
bueno fue al comienzo, y a la postre mejor;
40 que el Rey de los cielos nos quiera dar su amor. [. . .]

A. Con un compañero(a) de clase, respondan a las preguntas que están a continuación.

❶ Subrayen las palabras en latín en el poema. ¿Cómo saben que no son palabras en español?

_____

❷ Las palabras en latín están escritas en *bastardilla*. Se usa bastardilla para indicar que son palabras extranjeras. Pensando en el latín y el español en varios contextos, respondan sí o no:

	Sí	No
a. Escribir el latín implica un alto nivel de educación.	☐	☐
b. Se asocia el latín formal con la gente del pueblo.	☐	☐
c. Se asocia el latín con los clérigos.	☐	☐
d. Emplear el latín da al comienzo del poema un ambiente sagrado.	☐	☐
e. El latín fue la lengua oficial de la Iglesia Católica hasta 1962.	☐	☐
f. El latín se deriva del español.	☐	☐
g. El español moderno se deriva del latín.	☐	☐

B. Dando un vistazo al poema, verás que hay muchas palabras que tienen que ver con la vida religiosa y otras que tienen que ver con la vida pastoril.

❶ Pon un asterisco (*) al lado de las palabras religiosas. Después compara las palabras que hayas señalado con las de otro(a) compañero(a) de clase. ¿Señalaron las mismas palabras?

❷ Da otro vistazo al poema y pon círculos alrededor de las palabras que se relacionan con la vida del pastor de ovejas, o sea la vida pastoril. Un pastor de ovejas, las cuida y las vigila. Después compara tus palabras con las de otro(a) compañero(a) de clase.

❸ Ahora, lee las siguientes definiciones de palabras sacadas del poema. Después organiza las palabras según las categorías indicadas en el esquema abajo.

pecar hacer mal   **guiar** acompañar mostrando el camino
guardar vigilar una cosa o un animal

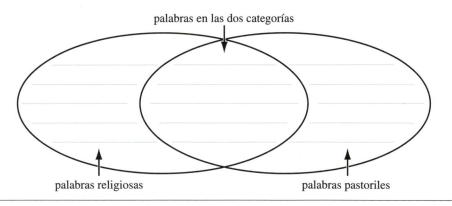

palabras en las dos categorías

palabras religiosas   palabras pastoriles

C. Nota el tiempo de los verbos de la lectura.

❶ En la literatura, se usa el tiempo verbal que se llama el imperfecto (-aba, -ía) para narrar el pasado. Volviendo al poema, subraya todos los verbos en el imperfecto.

❷ Se suele emplear verbos en el pretérito para expresar la acción de una historia que tiene lugar en el pasado. Ahora, vuelve al poema y pon un círculo alrededor de los verbos en el pretérito.

D. En grupos de tres o cuatro, respondan a las siguientes preguntas:

❶ ¿Quién es la santa criatura?

❷ De mayorcillo, ¿qué empezó a hacer?

❸ ¿Cómo era la vida del pastor?

❹ ¿Por qué no duerme el pastor?

❺ ¿Por qué algunos le tenían envidia?

❻ ¿A quién sacrifica el mejor cordero? ¿Por qué?

❼ Casi al final del poema hay una referencia al Rey David del Antiguo Testamento de la Biblia. ¿Qué hizo David? Si no saben, busquen a una persona de la clase que les explique lo que hizo David.

❽ La última estrofa resume las dos funciones (dos enfoques) de la vida del santo. En sus propias palabras, expliquen la vida del Santo en forma breve.

_____

_____

_____

_____

_____

E. Vuelve al poema y observa las letras finales de cada verso. Este tipo de rima y métrica se llama cuarteto.

> **cuarteto**-estrofa de cuatro versos, de catorce sílabas, con una sola rima consonante

Después de leer

A. Con otra persona de la clase, consideren con mucho detalle, ¿qué ventajas tendría una vida de "no tener" como los monjes?

B. A solas, imagina que tú tienes la oportunidad de tener una entrevista exclusiva para la radio con uno de los monjes de Silos. En una hoja aparte, prepara tus preguntas—por lo menos diez—para la entrevista.

> **rima consonante**-rima entre dos palabras cuyos últimos sonidos, tanto vocales como consonantes, son iguales desde la última vocal tónica

Enlaces opcionales

❶ Compara y contrasta el estilo de *Vida de Santo Domingo de Silos* con el estilo de las baladas *Lanzarote* y *Una pastora*.

❷ Analiza los distintos aspectos religiosos en *Me llamo Rigoberta Menchú* y en la *Vida de Santo Domingo de Silos*.

Selección 4

Origen del río Amazonas

BIO: María Chavarría

MARÍA CHAVARRÍA *es lingüista, investigadora y profesora. Nació en Bolivia y realizó sus estudios en la Universidad Nacional Mayor de San Marcos en el Perú y en la Universidad de Minnesota. Ha escrito libros para niños de la Amazonia, y tiene interés en la tradición oral de las sociedades nativas de Sudamérica, como fuente de aprendizaje y expresión de la cosmología indígena. En los últimos años, Chavarría recopiló muchos mitos que han sido repetidos por siglos en las selvas del Perú. Compara estas versiones contemporáneas con las antiguas para notar los cambios. El mito que se incluye en esta selección discute el rol del agua en el ecosistema amazónico. La relación del hombre con el medio ambiente es un tema que aparece reiteradamente en los relatos orales.*

Antes de leer

mitos-cuentos que relata la gente, muchas veces para explicar los fenómenos naturales, como el movimiento del sol y el cambio de las estaciones del año. Hablan de los dioses héroes

En grupos de tres o cuatro, discutan los siguientes temas:

A. ¿Han estudiado Uds. los mitos de alguna cultura?

❶ ¿De dónde vienen los mitos que recuerdan Uds.? Discútanlos y después completen el siguiente esquema con la información indicada.

Ejemplos: *Neptuno, el caballo de Troya, Zeus, Rómulo y Remo, Quetzalcóatl*

Mito	Viene de (país o cultura)	Lengua
Quetzalcóatl	*México, cultura azteca*	*nahuatl*
_____	_____	_____
_____	_____	_____
_____	_____	_____

tradición oral-transmisión de persona a persona y de grupo a grupo de canciones, mitos, leyendas, historia, etc., durante largo tiempo, sin escribirlos. Se ve la tradición en casi todas las culturas antiguas, aun en las que tuvieron lengua escrita

❷ ¿Cómo los aprendieron?

_____

_____

B. Cuando una historia es escrita, cada persona que lee una edición particular va a leer exactamente la misma cosa.

❶ ¿Qué ocurre cuando se repiten una historia o un mito oralmente?

_____

❷ Sabemos que los cuentos que se transmiten oralmente pueden cambiar de una manera radical. Esto puede ser un aspecto negativo de la tradición oral. ¿Cuáles son otros aspectos negativos y cuáles son aspectos positivos? Escríbanlos en el siguiente esquema.

Aspectos positivos	Aspectos negativos
_____	_____
_____	_____
_____	_____
_____	_____
_____	_____

C. Miren solamente el título del mito que van a leer. ¿De qué fenómeno natural va a tratar este mito?

_____

D. A continuación tienen un mapa de Sudamérica. Fíjense especialmente en el Perú y en la Amazonia, es decir, la cuenca del río Amazonas y los otros ríos que desembocan en aquel río inmenso.

Dirígete a las actividades que acompañan el mito y úsalas para guiarte por la lectura paso a paso.

Origen del río Amazonas

Hace muchísimos años vivían en la selva dos hermanos mellizos bajo la tutela de sus abuelos. Sus padres habían muerto en manos de una tribu enemiga. Los dos mellizos eran entonces muy pequeños.

5 En aquel tiempo el agua escaseaba en la selva, ya que todavía no existían laguna, ríos, arroyos y apenas llovía. Todo lo contrario de ahora. Sólo el abuelo sabía dónde extraer el agua y a nadie se lo decía. Era un gran secreto.

Todas las mañanas los mellizos acarreaban el agua hasta la casa para 10 que su abuelita pudiese cocinar y preparar el *masato*, bebida favorita de los habitantes de la selva.

Pero un día, los mellizos, cansados de cargar agua, decidieron averiguar la fuente de donde el abuelo la sacaba a escondidas. Uno de los hermanos se transformó en picaflor y observó al abuelo cuando se fue 15 a bañar. Descubrió entonces que un gran chorro de agua brotaba del interior de un gigante árbol muy frondoso. Los selvícolas conocen este árbol con el nombre de *lupuna**.

Conocido el secreto, los dos mellizos reunieron todos los animales roedores, (ardillas, conejos, ratones), y todas las aves pica-maderas y 20 los invitaron para que los ayudasen a talar la lupuna. Todos aceptaron y después de un día de trabajo, cuando faltaba ya un poco para que la lupuna cayera a tierra, decidieron dejarlo hasta el día siguiente. Pero al regresar a la mañana siguiente encontraron el árbol sano y entero. El segundo día sucedió lo mismo. El árbol casi talado aparecía siempre 25 entero al amanecer como si nada le hubiesen hecho.

Decidieron observar de nuevo al abuelo. El abuelo por las noches curaba a la lupuna y la dejaba como nueva. Entonces, cuando otra vez la lupuna estaba casi talada, uno de los mellizos convertido en alacrán, mordió al abuelo en el dedo gordo del pie. En ese instante el gigantesco 30 árbol cayó estruendosamente al suelo. Toda la selva retumbó.

Al desplomarse la lupuna comenzó a brotar allí mismo una gran cantidad de agua. El tronco de la lupuna se convirtió en el río Amazonas y sus numerosas ramas se transformaron en sus afluentes, quebradas y riachuelos. Las hojas y las espinas se convirtieron en las diversas es- 35 pecies de peces que nadan hoy en día por todos los ríos de la selva. Así fue como nacieron los primeros paiches, palometas, gamitanas, zúngaros, boquichicos** y demás pescados que son actualmente alimentos muy estimados por todos los niños yaguas. ■

---

*La lupuna es un árbol gigante muy importante para los yaguas.

**Paiches, palometas, gamitanas, zúngaros y boquichicos son peces del río Amazonas.

A. El mito *Origen del río Amazonas* es de los yaguas, un grupo indígena originario de la zona amazónica. Actualmente los yaguas viven en el Perú y Colombia. La lengua que hablan también se llama yaguas.

B. Lee el primer párrafo del mito *Origen del río Amazonas*. "Hace muchísimos años", en el primer párrafo, tanto como "en aquel tiempo", en el segundo párrafo, son frases que fijan el tiempo en el pasado distante y que se ven muchas veces en los mitos.

❶ Estas frases u otras semejantes aparecen en las selecciones de esta unidad. Búscalas y escríbelas.

Ejemplo: *Érase una vez...* (de *La bella durmiente del bosque*)

_____

_____

_____

_____

❷ ¿Por qué se evita fijar un año específico?

_____

_____

C. En el primer párrafo, los *mellizos* o *gemelos* son *hermanos nacidos uno después del otro del mismo embarazo. Bajo la tutela* quiere decir que *los abuelos cuidaban a los mellizos durante su niñez.* Lee el primer párrafo otra vez y, en tus propias palabras, describe cómo te imaginas la niñez de los mellizos.

_____

_____

_____

_____

_____

D. Lee el segundo párrafo. *Escaseaba* quiere decir que había poca agua.
❶ ¿Por qué existía esta condición en aquel tiempo?

_____

_____

❷ ¿Cuál es la situación hoy en día? _____

E. ¿Por qué era muy importante el abuelo para el pueblo?

_____

_____

F. En el próximo párrafo aparece el verbo *acarreaban*. Sabiendo que un *carro* puede ser un vehículo de dos o más ruedas tirado por personas o animales para transportar algo, lee este párrafo y adivina lo que quiere decir este verbo.

1 Otra palabra española para *acarrear* es _____

2 ¿Por qué era muy importante este trabajo de los mellizos?

_____

_____

G. En el cuarto párrafo, vemos que a los chicos no les gustaba transportar el agua todos los días. Para evitar esta situación, ¿qué decidieron investigar?

_____

_____

H. Hasta este punto los mellizos no han hecho nada fuera de lo normal. De repente, esto cambia.

1 ¿Qué hace uno de los chicos que nos sorprende un poco?

_____

2 Un *picaflor* es un *tipo de pájaro*. Sin saber exactamente qué tipo de pájaro es, crees que es un pájaro grande o uno pequeño? ¿Por qué?

_____

_____

3 Si un *chorro* es *la salida continua de un líquido* (en este caso, agua), ¿que quiere decir *brotar*?

_____

4 Un *selvícola* es una *persona*. Fíjate en la primera parte de la palabra (selví-). ¿Dónde crees que vive tal persona? _____

5 Describe la lupuna.

_____

J. Lee solamente la primera oración del quinto párrafo; el adjetivo *roedor* viene del verbo *roer*, es decir, *cortar con los dientes*. Picar, en cuanto a los pájaros, quiere decir más o menos lo mismo, aunque los pájaros usan su pico en vez de los dientes para cortar o comer.

1 Si no sabes exactamente lo que quiere decir *talar*, piensa en lo que significan *roer* y *picar* y, sin leer más adivina lo que le pasó a la lupuna.

_____

_____

2 Lee el párrafo entero. Trabajaron mucho todas y casi talaron la lupuna, pero todos las manañas los mellizos y los animales y pájaros de la selva la encontraron sana y entera. ¿Qué puede haber pasado durante la noche?

_____

_____

J. Al leer el párrafo siguiente, se ve que los mellizos tenían una idea de quien tenía la culpa.

   ❶ Muy determinado, uno de los mellizos tomó medidas mágicas para resolver la situación. ¿Qué hizo él?

_____

   ❷ ¿Cómo sabemos que tuvo éxito el mellizo–alacrán, o escorpión?

_____

_____

K. Lee el último párrafo del mito para saber el resultado del desplome, es decir, la caída de la gran lupuna. Describe este resultado brevemente en tus propias palabras.

_____

_____

_____

_____

Después de leer

En grupos de tres o cuatro, hablen de los siguientes temas:

A. En el mito, hemos visto que, cuando uno de los mellizos se transformó en picaflor, el cuento se convirtió en mágico o mítico. ¿Les gusta lo mágico de los mitos? ¿Por qué sí o no?

Sí	No
_____	_____
_____	_____
_____	_____
_____	_____

B. La ciencia ha explicado muchos de los fenómenos naturales de que hablan los mitos.

   ❶ ¿Por qué sigue repitiendo la gente los mitos hoy en día?

_____

_____

   ❷ La definición al principio de esta selección dice que hoy en día la gente, es decir, nosotros, seguimos creando nuestros propios mitos nuevos. ¿Qué mitos creamos?

C. Sin escribir ni una palabra, inventen Uds. su propio mito, trabajando las partes tanto como sea necesario para poder repetirlas. Practiquen bien para poder compartir el mito con la clase, según la tradición oral.

Enlaces opcionales

❶ Después de leer *Origen del río Amazonas,* vuelve a leer *Me llamo Rigoberta Menchú* y compara la información que se da en cada obra sobre las actitudes hacia la naturaleza.

❷ Explora el término *verosímil* en el contexto del mito *Origen del río Amazonas* y el resto de las obras de la tradición oral. Comenta lo verosímil y lo inverosímil en el contenido de estas obras.

> **verosímil**-elemento literario que parece creíble o se puede creer

Spanish-English Glossary

This comprehensive glossary includes the words that students need to know in order to be able to use *Hacia la literatura* effectively. It does not include simple words such as numbers, articles, pronouns, and possessives. Noun gender is not indicated for masculine nouns ending in **-o** and feminine nouns ending in **-a**. If a noun has an irregular plural, it is given. The symbol ~ represents the key word within an entry, as in **acuerdo: estar de ~ con**. This glossary uses the following abbreviations:

adj.	adjective
adv.	adverb
conj.	conjunction
f.	feminine
fig.	figurative
ind. pron.	indefinite pronoun
inf.	infinitive
m.	masculine
marit.	maritime term
Mex.	Mexican meaning
pl.	plural
pp.	past participle
PR	Puerto Rican meaning
prep.	preposition
rel. pron.	relative pronoun
var. of	variation of

A

a pesar de *prep.* in spite of, despite

a punto de *prep.* about to

abad *m.* abbot

abarrotar to fill, pack in, crowd

abeja bee

abertura opening

abrazar to embrace

acabar de + *inf.* to have just done something; to finish; **acabarse** to end, terminate; **¡se acabó!** that is the end of that!

acariciar to caress; to brush

acarrear to cart, transport

acedera sorrel plant, sorrel tree

aceite *m.* oil

acera sidewalk

acercarse to approach

acero steel

acertado/a correct, accurate

acertijo riddle

achacarse to put blame on, hold responsible

acogida favorable reception, warm welcome, success

acontecer to happen, occur

acontecimiento event

acordarse to remember

acostado/a lying down, in bed

acostumbrar to be accustomed to

acuchillar to stab, knife

acudir to come

acuerdo: estar de ~ con to agree with

adelantar to speed up, hasten; **adelantarse** to get ahead, go forward

además besides, in addition to

adivinanza riddle, puzzle

adivinar to guess

adivinatorio/a divinatory, prophetic

adquirir to acquire

afiche *m.* poster

afueras *f. pl.* suburbs

agarrar to get, catch

agasajar to greet, welcome; to entertain splendidly

agazapar to crouch down

agraciar to reward, award

agradarse to be pleased or satisfied

agradecer to thank; to be grateful for

agregar to add

agridulce *adj.* bittersweet

agrio/a sour

águila eagle

aguja needle

ahogado/a stifling

ajeno/a foreign, alien

ajetreo hustle and bustle, rush

ajo garlic

alabar to praise

alacrán *m.* scorpion

alambre *m.* wire, metallic thread or cable

alameda boulevard, tree-lined avenue, path

alargar to extend, lengthen

alba dawn, daybreak

albergar to cherish; to harbor

alcachofa artichoke

alcaicería silk district or exchange

alcance: al ~ de within reach of

alcanzar a to manage, be able to

alcapurria meat roll

alcoba bedroom

alegría happiness

alfombrado/a carpeted

algodón *m.* cotton

alianza alliance

alma (el) *f.* soul, spirit

almohadón cushion

almuerzo lunch

alrededor *adv.* around

amadeo coin formerly used in Spain

amanecer to dawn

amargo/a bitter, painful

ambos/as *adj. & ind. pron.* both

amenaza threat

aminorar to reduce, diminish; ~ **el paso** to walk more slowly

analfabeto/a *m. f.* illiterate

ancho/a wide, broad

anhelante *adj.* yearning, longing; gasping, panting

ánima soul, spirit

animosidad *f.* animosity

anochecer to get dark, approach evening

ánsar *m.* goose

antemano: de ~ in advance, beforehand

antepasado ancestor

apaciguar to appease, pacify

apagado/a extinguished, muffled, deadened

apajero preparation

aparador *m.* sideboard, cupboard

aparcería sharecropping

apenas *adv.* hardly, as soon as

aplastar to crush, squash

apoderado/a *m. f.* attorney; proxy

apoderarse de to seize, take possession of

apodo nickname

aporte *m.* contribution, donation

aposento room

apostar to bet

apoyar to support

apoyo support

aprendizaje *m.* apprenticeship

apresar to take prisoner, capture

apresuradamente hurriedly, hastily, in a hurry

apuesta bet, wager

apuntar to note, to make a note of

árbol *m.* tree

ardiente *adj.* burning, blazing

ardilla squirrel

arista thorn

arrastrar to pull, drag

arreglar to arrange

arrellanarse to settle into comfortably

arrepentirse to be sorry, regret

arriesgado/a risky, dangerous

arrimar to bring near

arrinconar to corner, neglect, abandon

arroba Spanish dry or liquid measure

arrojar to throw

arrope *m.* syrup, sweet made of fruits

arroyo stream, brook

asado roasted meat; barbecued meat

asaltar to strike suddenly

asegurar to insure, guarantee; to affirm

asentado/a stable, established

asesinar to murder

asombrado/a amazed, astonished

asombroso/a amazing, astonishing

astilla splinter, fragment

asustado/a scared, frightened

atado/a tied up, bound

atar to tie up, bind, lace

atardecer to draw toward evening, get dark

atemorizar to frighten, terrify

atender to take care, attend

atenuar to attenuate, diminish

aterciopelado/a velvety, velvet-like

atole *m. Mex.* drink prepared with cornmeal gruel

atrapado/a caught, trapped

atravesar to cross, go across, cross over

atreverse to dare

atrincado/a pushed against

atropellandamente *adv.* hastily, hurriedly, stumbling

aun *adv.* even; ~ **más** even more

aunque *conj.* although, even though

aurora dawn

austral *adj.* southern

ave *f.* bird

avena oats

avenirse to agree

averiguar to verify, check

azar *m.* chance, fate, destiny

B

bachiller *m. f.* student who has completed the studies necessary for admission into an advanced university program

bajar to bow, lower

balde: de ~ for nothing, without reason

bandera flag

banderín *m.* small flag

barrer to sweep

barrio district, neighborhood, suburb

barro mud; clay

barrote *m.* bar of jail cell

bastardillo italic, italics

bautizar to christen

bautizo christening

bella durmiente Sleeping Beauty

bellaco rascal, rogue, scoundrel

berro watercress

besar to kiss

bilingüe *adj.* bilingual

Blancanieves Snow White

boca mouth

bochorno embarrassment

boda wedding

bofetada insult

bolsa stock market

boquerón *m.* large aperture or hole

boquichico a kind of fish

bordar to embroider

borracho/a drunk

borraja borage (plant used for medicines)

borrar to erase; to wipe away

bosque *m.* woods, forest

boticario druggist, pharmacist

botija earthenware jar or jug

botones *m.* office boy

brasero brazier, device for grilling food; hearth; fireplace

breve *adv.* brief, short

brincar to jump

brindado/a invited

brindar to drink a toast

brindis *m.* toast (drink or speech)

broma joke; **gastar bromas** to play practical jokes

brotar to sprout forth, grow

bruja witch, sorceress

bruma mist

buey *m.* ox

búharo owl

burdeos *m.* Bordeaux wine

burlarse de to make fun of, ridicule

buscar to look for

búsqueda search

C

cabaña hut, cabin

cabo: llevar a ~ to carry out

cacto cactus

cadena chain

caer to fall

caja coffin, casket

cal *f.* lime, calcium oxide

calentar to warm

calidad *f.* quality

callar to keep secret, silence, not to mention

calpúlli *m. Mex.* Aztec neighborhood or family clan

calzada road, highway

camino road, path; trip

campana bell

campestre *adj.* rural, country

campo country

caña cane, reed

candela candle

canto chant

cañuela small cane, grass, reed

capa layer

capaz: ser ~ to be able

capricho caprice, whim, fancy

captar to attract, win

caracol *m.* snail

cardo thistle

carencia need

carga load, burden; cargo, freight

caricia caress

carne *f.* meat

carroza carriage, coach

cartel *m.* wall chart, poster

cartón *m.* cardboard

casamiento marriage, wedding

casarse to get married

casero/a household, domestic, homemade

castigo punishment

castillo castle

causa cause, reason; **a ~ de** because of

cavidad *f.* cavity

caza hunting, hunt

cebolla onion

celda jail cell

celosamente *adv.* jealously

Cenicienta Cinderella

centenar *m.* one hundred

cera wax

cercado/a enclosed

cerdo pig

cerebro brain

cereza cherry

cernícalo kestrel, sparrow hawk

chapotear to splash

charco puddle, pool; ocean

charlar to chat, talk

charola tray

chicha corn whisky

chicotazo scrape, whipping, whiplash

chiva kid, young goat

chocar to crash, collide

chorro spout, stream, jet

cieno mire, muck

cierto/a certain; true

cilantro coriander

cintillo ornamented hat or headband

círculo circle

circunvolución *f.* coil; convolution of intestines, brains

ciruela plum

clavar to nail

clave *m.* key, keystone

clavo nail

clerecía clergy

clérigo clergyman

coartada alibi

cobrar to acquire

cobre *m.* copper

cocina kitchen; stove

cocinero/a *m. f.* cook

cocotazo blow to the head

codo elbow

codorniz *f.* quail

cofre *m.* case, box

cofrecillo small case, box

cohitre plant used medicinally

colarse to sneak in, slip in

colgar to hang, to hang up

colindar to be adjacent, adjoin

colmena beehive, hive

colocar to place, position

comal *m.* clay dish used for baking tortillas

comillas *f. pl.* quotation marks

cómodamente *adv.* comfortably, conveniently

compás *m.* compass; **al ~ de** in step with, in time with

complejo/a *m. f.* complex

componer to compose, create

comprender to include; to understand

comprobar to compare, check; to confirm, verify

concha shell

conciliar: ~ el sueño to get to sleep

Concilio Vaticano Vatican Council

conejo rabbit

confundir to confuse, mix up

conjunto band, ensemble

conmover to move, touch

conocimiento knowledge, understanding

consabido/a usual, traditional

conseguir to get, obtain

consejero/a *m. f.* adviser, counselor

consejo counsel, advice

contagio contamination, contagion

contar to tell, relate

continuación: a ~ immediately afterwards

continuidad *f.* continuity

contraer to contract, catch

convencer to convince

convidar to invite

copal *m.* resin

coraza shell, armor, protection

corcel *m.* steed, charger

corcho cork

cordero lamb

coro chorus, choir

corona crown

cortina curtain

coscorrón m. bump, knock on the head

cosecha harvest

coser to sew

costal *m.* sack, bag

costumbre *f.* custom, practice

cotidianamente *adv.* daily, everyday

crecer to grow

Credo in Deum Apostles' Creed

crepúsculo dusk, twilight

criado servant

criarse to be brought up; to grow up

cristiano/a *m. f.* Christian

crudo/a raw

cuadro picture, description

cubrir to cover

cuerda rope

cuerdo/a sane, prudent, sensible

cuero skin, hide; leather

cuidadosamente *adv.* carefully

cuidar to look after, to take care of

culebra snake

culpa fault; **tener la ~** to be to blame, be guilty

culpable *adj.* guilty

cumplir to fulfill

cuna cradle

cursar to study, to take (a course)

cuyo/a *rel. pron.* whose

D

daño damage, injury

dar a luz to give birth

darse cuenta de to realize

dedo finger

dejar to leave

delantal *m.* apron

delgado/a thin, delicate

delito offense, crime

demás *adj.* other, rest of

dentro de *prep.* inside, within

depender de to depend on

derecho law; right, **tener ~** to have the right

derivarse to be derived or come from

derrumbe *m.* collapse, crash, fall

desafío *m.* challenge

desarrollar to develop

desatar to untie; to undo; to unleash

desbordarse to overflow, run over

descansar to rest

descanso rest

descender to derive or come from

descifrar to decipher, decode

descomponer to feel sick, get upset

desconcertar to disconcert, upset

desconfianza distrust, mistrust

desconocido/a unknown, ignored; ungrateful, unthankful

descubrir to discover

descuidarse to be careless or thoughtless

desdén *m.* disdain, scorn

desdeñoso/a disdainful, scornful

desembocar to flow, run (river)

desenlace *m.* ending; result, outcome

deseo wish, desire

desgajar to rip or tear off piece by piece

desgaste *m.* weakening

deshojar to defoliate, strip the leaves from

desistir to desist, give up

desmentir to deny, refute

desmontar to dismount

despedir to throw out, eject

despensa pantry

desperdiciar to waste

despertar to awaken, revive

despiadado/a pitiless, merciless

desplomarse to fall, collapse

desplome *m.* collapse, fall

desplumar to pluck, remove the feathers from (a bird)

destacarse (qu) to stand out (clearly)

desván *m.* attic

desvelar to reveal, disclose

desventaja disadvantage

detener to stop, halt; to capture

devolver to return

diamante *m.* diamond

diario/a daily

dirigir (j) to direct

disimulo pretense

disponible *adj.* available

dispuesto/a: estar poco ~ a to be reluctant to

disuadir to discourage

disyuntiva alternative, disjunctive, dilemma

divisar to discern, make out

doblar to fold

doble *adj.* double
doblegar to bend, flex
doloroso/a painful
dominio dominance, supremacy
don *m.* gift, talent
doral *m.* bird, fly-catcher
dueño/a *m. f.* owner, master
dulce *adj.* soft, pleasant

E

echar to throw; to put in
ejemplar *m.* copy of a book or record
ejercer to exercise; to practice
elepé *m.* LP, long-play record album
embarazo pregnancy
emborrachar to intoxicate, make drunk
empezar to begin
emplasto plaster for medical purposes, poultice
emplear to employ, use
emplumado/a with feathers
emprender to begin, set about
empresa undertaking, enterprise
empujar to push, shove
enamorado/a in love
encaje *m.* lace
encargarse to take charge, take responsibility
encender to turn on; to light
encerrar to hold, contain
encima *adv.* in addition, besides; on top of it all
encoger to shrink, make smaller
encuesta survey, poll
enemigo/a *m. f.* enemy
enfermedad *f.* illness
enfilar to set off toward, make way toward
enfocar to consider, approach
engañar to deceive, trick
engancharse to get caught, hooked up
engrandecerse to become exalted
enjambre *m.* swarm
enlace *m.* connection, link, relationship
enlazar to link, connect

enojarse to become angry
enredar to net; to tangle up
enriquecer to enrich
ensalada salad
ensalzar to exalt, glorify
ensayo essay
enseñar to teach
entibiarse to become lukewarm
entrada entry, entrance
entraña entrails, innards
entregar to deliver, hand over, turn in
entremeter to interrupt, come in between
entretenimiento amusement, entertainment
entrevistar to interview
envenenar to poison
envidia envy, jealousy
envolver to wrap
equivocarse to be wrong, make a mistake
erguido/a with the head up, proud
escalera stairs, staircase
escama scale (of a fish)
escaño bench (with a back)
escaparse to escape
escasear to become or be scarce
escasez *f.* scarcity, lack
escaso/a scarce, limited
escenario stage; scenery, scene
escoger to choose, select
escolar *adj.* scholar
esconder to hide
escondidas: a ~ secretly, covertly
escopeta shotgun, rifle
escritor/a *m. f.* writer
escrúpulo scruple, misgiving
escudo coat of arms
escultura sculpture, carving; engraving
esforzarse to exert much effort, strive
esfuerzo effort; **sin ~** effortlessly
eslabón *m.* link
espalda back; **de espaldas** with one's back towards
especia spice
espejo mirror

esperanza hope
espeso/a thick
espina spine, backbone; fishbone
espinilla shinbone
espinoso/a thorny, spiny
espiritual *adj.* spiritual
esquema *m.* sketch, outline
estación *f.* season
estado state
estafar to cheat
estallar to crack, blow
estancarse to stagnate, become stagnant
estaño tin
estante *m.* shelves
estera matting
esterar to cover with mats
estereotipo stereotype
estibador *m.* MARIT. stevedore, longshoreman
estibar *marit.* to stow
estilo style
estimular to excite, stimulate; to encourage
estrategia strategy
estrecharse to squeeze; to become close or intimate
estrecho/a narrow, tight
estrella star
estribillo chorus
estricto/a strict, severe
estrofa strophe, stanza
estruendoso/a clamorous, noisy
estudio studio
estufa stove, heater
éxito success
extranjero/a *m. f.* foreigner, alien
extraño/a strange, rare

F

facción *f.* facial feature
falla fault, failure, defect
fallecimiento death
fallo test result; ruling, judgment; decision
falta lack; **hacer ~** to be necessary, needed
fama fame, reputation
fango mud, mire
fecundo/a fertile, fruitful
fervor *m.* fervor, intense heat

festejar to celebrate

festín *m.* feast, banquet

fideo noodle

fiel *adj.* faithful; accurate

fijarse to settle, become fixed; ~ **en** to pay attention to, observe

fin *m.* end; **poner** ~ **a** to finish, put an end to

finca property, real estate; farm

fingir to pretend, feign

firmar to sign

firme *adj.* firm, stable, steady

flojo/a *m. f.* idler, loafer

florecer to bloom, thrive, flourish

florido/a full of flowers, flowery

foco focus

fogoso/a fiery, spirited

folletín *m.* serial (in a newspaper)

follón *m.* commotion, ruckus

fondo background

forjado/a made, formed

fragmento fragment

frente *f.* forehead; ~ **a** facing, opposite

fresco/a fresh

frescura freshness, coolness

frijol *m.* bean

frondoso/a leafy, luxuriant, lush

frotarse to rub together

fuente *f.* source, origin

fuerza force, power, strength

fusil *m.* gun, rifle

G

gabinete *m.* furniture (for a study)

galán *m.* gallant, beau

galleta cookie

gallina hen, chicken

gallo cock, rooster

gamitana a kind of fish

ganado livestock, stock

ganador/a *m. f.* winner

ganancia profit, gain

ganapán *m.* porter, laborer, handyman

ganar to win

gandul *m.* PR pigeon peas

garra claw

gavilán *m.* sparrow hawk

gemelo twin

gemir to moan, groan

género type, kind

giro idiomatic expression

gloria glory; fame, renown; morning glory; pro (*as in* pros and cons)

golpe: de ~ suddenly

golpear to beat, strike

goma gum; rubber; glue

gordo/a big, fat, plump

gota drop

gozar to enjoy

gozo joy, pleasure

grabación *f.* recording

grabar to record; to tape

grano grain, seed, cereal

gritar to shout, yell

grueso/a coarse, rough, thick

guagua PR bus

guapo/a good-looking, attractive

guardar to keep

güero/a *m. f.*, Mex. blonde, fair

guiar to guide

guión *m.* script

guisar to cook, prepare

H

habidas inhabitants

habladuría rumor, gossip

hacendado landowner, rancher

hada fairy

halcón *m.* falcon

hallar to come across, find

hambre *f.* hunger

hasta *prep.* until

hazaña feat, exploit

hechicero/a *m. f.* sorcerer, wizard

hecho fact; **de** ~ in fact, as a matter of fact

herbolario/a *m. f.* herbalist, herb vendor

heredar to inherit

heredero/a *m. f.* one who inherits

herencia heritage, inheritance

herido/a wounded, injured

herir to wound; to hurt, offend

hervir to boil

hiedra ivy

hielo ice

hilado yarn, thread

hilo thread

hilvanar to baste (sew loosely)

hoja leaf; page

hojalata tin; tin plate

homenaje *m.* homage, tribute, respect

hondo/a deep, profound

hornear to bake

horno oven

hortaliza vegetable

hoyo hole

huella track, print, footstep

huerta large vegetable garden; orchard

hueso bone, pit, stone

huevo egg

humilde *adj.* humble

humo stench, foul smell

hundirse to sink, fall down

huracán *m.* hurricane

hurgar to look for

I

idioma *m.* language

impedir to prevent

imperecedero/a imperishable, indestructible, immortal

imperturbable *adj.* immovable, impassive

improviso: al ~ suddenly, unexpectedly, out of the blue

impúdico/a indecent, shameless

inadecuado/a unsuitable, inadequate

inagotable *adj.* inexhaustible, endless

incienso incense

incurrir to incur

inercia inertia

inesperado/a unexpected

infierno hell

influir to have influence

informe *m.* report, information

ingresar to join, become a member of

insigne *adj.* famous, illustrious

insinuar to insinuate, suggest

insomne *adj.* suffering from insomnia, sleepless

intentar to try, attempt

interpelar to question

inusitado/a unusual, uncommon

invadir to invade
ir a parar to end up

J

jarro pitcher, jug
jíbaro *PR* a person from the rural areas of Puerto Rico
jineta pertaining to horseman
jora corn type used in chicha
joyería jewelry
judío/a *m. f.* Jew
juglar *m.* minstrel, jongleur
jugo juice
juntarse to join
juntos/as *adj.* together, both
jurar to swear

L

laberinto labyrinth, maze
labio lip
labor *f.* work, job; chore
laborioso/a laborious, arduous
labrado/a carved
labrar to carve, work
ladino/a one of mixed race; an Indian who speaks Spanish (= **mestizo/a**)
ladrar to bark
ladrillo brick, tile
lagarto lizard
lagrimeo watering, tearing
laguna lagoon
lanza lance, spear
lanzar to launch
lápiz *m.* (*pl.* **lápices**) pencil
largarse to beat it, leave
largo/a long; **a lo largo de** along, throughout
lastimar to injure, hurt
lata tin plate, tin can, can
latir to beat, pulsate, throb
latón *m.* brass
laurel *m.* laurel, bay leaf
lavanco species of wild duck
lealtad *f.* loyalty
lecho bed
legua league (3 statute miles or 4.8 km)
lema *m.* motto, slogan
leña firewood
leñe *(used as an expression)* to fan

the flames of discord; to make matters worse
lente *m. f.* lens
león *m.* lion
ley *f.* law, statute
liebre *f.* hare
ligero/a light
limbo to live in a dream world
limpio/a clean
linaje *m.* kind, genre
lío jam, mess
litúrico/a liturgical, religious
llanto flood of tears, weeping
llave *f.* key
llenar to fill, fill out
llorar to cry
llover (ue) to rain
loco/a *m. f.* madman or madwoman
lodo mud, sludge
lodoso/a muddy
lograr to achieve, succeed
loseta floor tile
loza crockery, earthenware
lucha fight
lugar *m.* place; **tener ~** to take place
lupuna a kind of tree
luz *f.* light; **dar a ~** to give birth

M

macizo/a *adj.* (here) a lot
madejica small skein of thread, yarn
madera wood, timber
madrina godmother
madurar to ripen, mature
malogrado/a frustrated, abortive
malvado/a evil, wicked
malvo/a mauve, light violet
mañanita Mex. birthday song
mancha stain, spot
mandato order, command
manga sleeve
manido/a worn-out, rotten
mantenerse (al día) to keep up to date
mantenimiento sustenance, food
mantequillera butter dish
manto cover; layer

mapuey *m.* edible plant
maquilador/a *m. f.* factory worker; workshop, factory
máquina machine; engine
marcar to mark
marinero sailor
masato drink popular in the jungle
máscara mask; disguise, costume
mastuerzo watercress
matar to kill
matiz *m.* (*pl.* **-ices**) shade, tint
mayorcillo/a a bit older, young adult
mayordomo estate manager, steward, butler, major-domo
mayúscula uppercase letter
mear *colloq.* to pee, piss
medida measure, step
medio means, way
mejilla cheek
mellizo twin
meloso/a sweet, honeyed
menear to stir
menosprecio contempt, scorn
mensajero/a *m.f.* messenger, carrier
mente *f.* mind
mentira lie
mentiroso/a lying
mercado market
merecer to deserve, be worthy of
meregao *(used as an expression)* "we've been had"
mero/a mere, pure
mesero/a *m. f.* waiter
mesura moderation
mezclar to mix
mezquino/a poor, wretched, unfortunate, stingy
miedo fear
miel *f.* honey
miembro member
mientras (que) *conj.* while
milpa Mex. cornfield
minúscula lowercase letter
miosotis *m.* forget-me-not (flower)
mirar to look, watch
misa Mass
mito myth

mojado/a wet, drenched
moler to grind, mill
molestar to bother
molido/a ground, milled
mollera crown (of the head)
monacal *adj.* monastic, pertaining to monks or monasteries
monje *m.* monk
monoteísta *adj.* monotheistic, believing in one god
monte *m.* mount, mountain; forest, woodland
moraleja moral (of a story)
mordaza gag
morivivi *m.* carnivorous plant; fly trap
moro/a *m. f.* Moor
moverse (ue) to move
mudarse to move; to change
mudo/a deaf
mueble *m.* furniture
mueca face, grimace
muro wall
musulmán *m.* Moslem

N

nadar to swim
nalgada spanking, slap (on the buttocks)
nardo nard, spikenard, plant found in fields
nariz *f.* nose nostril
narrador/a *m. f.* narrator
narrar to narrate, relate
naufragio *marit.* shipwreck
nave *f.* ship, vessel
negocio business
nitidez *f.* clarity; vividness
nivel *m.* level, standard
nodriza wet nurse
nombrar to name
nudo knot
nuez *f. (pl.* **nueces**) nuts
nutrir to feed

O

obedecer to obey
obra work (of art, literature, etc.)
obvio/a obvious, clear
ocaso sunset, sundown

ocultar to hide
odio hatred, loathing
ofrecer (zc) to offer
oído ear
oír to hear
ojén *m.* drink made with anise liquor and sugar
oler to smell
olla pot, kettle
olor *m.* smell, odor; MEX. spice
opuesto/a opposite
oráculo oracle, prophet
oro gold
osado/a daring, bold
oscurecer to get dark
oso bear
oveja female sheep
oyentes *m. pl.* audiences

P

pagar (gu) to pay
paiche *m.* a kind of fish
paisaje *m.* landscape
pájaro bird
palabrería wordiness, idle chatter
paliza beating, thrashing
palo wood
paloma dove, pigeon
palometa a kind of fish
panfleto pamphlet
pañuelo handkerchief
panza belly, paunch
papagayo parrot
papel *m.* paper; role; **hacer un ~** to play a role
par *m.* couple, pair; **a la ~** at the same time
parapetarse to protect oneself; to take cover
parar to stop
parecerse a to resemble, look like
pared *f.* wall
partir to cut
parto delivery, childbirth
pasajero/a passing
paseo trip
pasmado/a astounded, astonished
pastel *m.* cake, pie
pastor/a *m. f.* shepherd
Pater Noster Lord's Prayer

pato duck
patria homeland
pavo turkey
paz *f.* peace
pecar to sin
pecho chest, breast
pedir (i, i) to ask for
pegajoso/a sticky, adhesive
pegar to stick, glue
peineta ornamental comb
pelar to peel, pare
peldaño step (of a staircase)
película movie
peligro danger
pelota ball
pena difficulty
pensador/a *m.f.* thinker
percatar to notice, perceive
perdiz *f. (pl.* **-dices**) partridge
peregrinación *f.* peregrination, pilgrimage
peregrinaje *m.* pilgrimage
perejil *m.* parsley
periódico newspaper
perplejidad *f.* perplexity
persiana blind
pertenencia belonging
pesar to weigh; to cause sorrow, make sad
pescado fish
peso weight
pesquisa inquiry, investigation
pez *m. (pl.* **peces**) pitch, tar
picado/a pricked, perforated, chopped
picaflor *m.* hummingbird
picar to peck
piche *m.* a kind of fish
pico beak; lip of bottle, spout; summit, peak
pie *m.* foot; **al ~** at the bottom
piedra stone, rock
pignorar to pledge, pawn
pillar to catch; to get caught; to get run over
pinchar to prick
pino pine
pío chirping, peeping; **no decir ni ~** not to say a word
pío/a *adj.* devout, pious; merciful, compassionate; pinto-colored horse

pipa cask, barrel, keg
pisar to step on, press
piso floor
pitierre *m.* a kind of fish
pizarra chalkboard
placer *m.* pleasure
plantarse to plant, put oneself
plátano a type of banana, plantain
plateado/a silver-plated, silvered
plazo term, period; **comprar a ~** to buy on credit
pleno/a full, complete
plomo lead
pluma feather
poderoso/a powerful; rich
podrido/a rotten
politeísmo polytheism, belief in or worship of a plurality of gods
polvo: en ~ powdered
pom *m.* copal, resin
poner to put, place; **ponerse de pie** to stand up, to get up
porfía persistence; stubbornness, obstinacy
porrazo blow
poseer to possess, have
posguerra postwar period
potable *adj.* drinkable, potable
pozo well
prado meadow, field
premiar to reward, recompense
prenda piece of clothing
prensador/a pressing
prestar to render, provide; **~ vigilancia** to watch over, protect
presto *adv.* promptly, quickly
prevenir to prevent
previsto/a foreseen
principio beginning; **al ~** at the beginning
prior *m.* superior of a religious community
prisa haste, hurry, speed, urgency
probar to taste
proceder to originate, come from
producir to produce
profano/a secular, not concerned with religion or religious purposes
prolijidad *f.* prolixity, tedious wordiness

propina tip, money given for a job well done
proponer to propose
propuesta proposal
proseguir to pursue
proveer to provide
pueblo village
puente *m.* bridge
puerro leek (relative of the onion)
puerto port
puesta setting; **~ del sol** sunset
puesto que *conj.* since
puñal *m.* dagger
puntada (sewing) stitch
punto point, dot; **~ de vista** point of view

Q

quebrada stream, brook
quedar to remain, be left
quedarse to become; to be; to remain, stay
quejoso/a annoyed, complaining
quemar to burn
quitarse to leave, withdraw

R

rabia fury, rage
rabo tail
raíz *f.* (*pl.* -**íces**) root
rama branch
rapar to shave
rapiña: ave de ~ *f.* bird of prey
rasgo trait, characteristic
rato a while
ratón *m.* mouse
razón *f.* reason
reanudación *f.* resumption, renewal
rebeldía rebellion, resistance
recado message
recámara *Mex.* bedroom
receloso/a suspicious, fearful
rechazar to reject
recio/a vigorous, strong; bulky, heavy-set
recoger to pick up, tidy
recopilar to compile; to summarize

recordar (ue) to remember
recorrer to tour, travel
recortar to cut, trim; to reduce, cut
rectamente *adv.* rightly
recuento narration
recuerdo memory
recurso recourse, means
red *f.* net
redactar to edit
redondo/a round, circular
regalo present, gift
regatear to bargain for
regresar to return
reina queen
reino kingdom
reír to laugh
reiteradamente *adv.* repetitively
relamer to lick
rellenar to fill up, stuff
rendimiento yield, output
renglón *m.* line (of words); item
repartir to share, divide
repasar to review
repaso review
repente: de ~ suddenly
resentirse to be resentful; to feel hurt
respaldo back (of a chair)
restañar to stanch, stop the flow of (blood, tears)
restituir a to return
restringir to restrict, limit
resumen *m.* summary
retener to retain
retirada retreat, withdrawal
reto challenge, dare, threat
retumbar to resonate, resound
revelar to reveal
revisar to revise; to check
revista journal, magazine
rey *m.* king
rezar to pray
riachuelo rivulet, stream
rima rhyme
rincón *m.* (inside) corner; nook
río river
risa laugh, laughter
robar to steal
roble *m.* oak
rodeado/a surrounded

rodear to surround
roedor/a gnawing
romancero collection of romances
romper (*pp.* **roto**) to break
rotundo/a *fig.* flat, categorical
rozagante *adj.* showy, splendid
rubí *m.* ruby
rueda wheel
ruido noise
ruiseñor *m.* nightingale
ruta route; road

S

sabor *m.* taste, flavor
sabroso/a delightful, delicious
sacar to release (record); to take out, extract
sacudir to shake
sagrado/a sacred, holy
salado/a salty
salero salt shaker
salida exit
salpicar to splash, spatter
salvaje *adj.* wild
sanar to heal; to cure
sangre *f.* blood
sapo toad
sazonar to season, flavor
seda silk
sefardí (*var. of* **sefardita**) Sephardi (a member of the occidental branch of European Jews settling in Spain and Portugal or one of their descendants)
seguida: en ~ at once
seguir (i, i) to continue, follow
según *prep.* depending on, according to
selva jungle
sembrar to sow, seed
semejante *adj.* similar, alike
semejanza similarity, likeness
semilla seed
señal *f.* sign, mark
señalar to mark
sencillo/a simply, easy
senda path, track; way
sendero (*var. of* **senda**) path, track
senectud *f.* old age, senescence

sentarse to sit down
sentido feeling
sepultar to bury
ser *m.* being
sereno: al ~ in the night air
seropositivo/a HIV positive
servidumbre *f.* staff of servants
seto fence, hedge; enclosure
sevícola person who lives in the jungle
siglo century
sillón *m.* armchair
símil *m.* comparison
sin *prep.* without; **~ embargo** however, nevertheless
sino fate, destiny
siquiera: ni ~ *conj.* not even
sirvienta maid, servant
sitio place
soberano/a *m. f.* sovereign, supreme
sobre todo *prep.* above all, especially
sobrecoger to surprise, catch unawares
sobrellevar to put up with; to bear
sobremesa dessert, after-dinner conversation
sobrevivir to survive
sofrito/a lightly fried
solamente *adv.* only
solas: a ~ alone, by oneself
soler (ue) + *inf.* to tend to, be in the habit of (doing something)
solicitud *f.* (**de trabajo**) job application
solimán *m.* corrosive sublimate, poison
sollozo sob
soltar to release
sombra darkness; shade; protection
sonar (ue) to sound
sonido sound, noise
soportar to endure; to bear
sordo/a deaf
sorprender to surprise, amaze
sospechar to suspect
sostén *m.* support
suave *adj.* soft, sweet

súbdito/a *m. f.* subject, citizen
subir to go up, ascend
sublevar to incite to rebellion
subministrar to provide, supply
subrayar to underline
suceso event, occurrence
sudor *m.* sweat, perspiration
sueco/a Swedish
suelo floor
suelto/a loose, free, undone
sugerir (ie, i) to suggest
suntuoso/a magnificent, splendid
superar to surpass
suponer to suppose, assume
supuesto: por ~ of course
surgir to arise, appear
suspender to suspend, interrupt
suspirar to sigh
susto scare, fright
susurrar to whisper
sutil *adj.* subtle; keen

T

tablón *m.* bulletin board
tagarnina golden thistle
tal *adj.* such
taladrar to drill; to bore
talar to cut down, fell (tree)
tamaño size, dimension
tambalear to stagger, totter
tardanza delay
tarea homework; assignment
techo ceiling
teclado keyboard
teclear to type
tela cloth
telenovela TV soap opera
telera *Mex.* whole wheat bread
tembloroso/a tremulous, shaking
temprano/a early
tenedor *m.* fork
teñir to dye, tint
tenue *adj.* thin, tenuous; insignificant
terciopelo velvet
ternura tenderness
tesoro treasure
testigo witness; proof, evidence
testimonio testimony
tinaja large earthen jar

tinieblas *f. pl.* darkness, gloom

tirada cómica comic strip, cartoon

tirano/a *m. f.* tyrant

tirar to throw, cast

tiro shooting; **a tiros** with gunfire

titubeo hesitation, wavering

tiza chalk

tocar to ring, toll a bell; *marit.* to stop, call

tomar to take; ~ **en cuenta** to take into account or consideration

tomillo thyme

tono tone

tontería foolishness, stupidity

tonto/a foolish, silly

tosco/a rough, crude

toser to cough

trabalenguas *f.* tongue twister

trabar to impede, to tongue-tie

traición *f.* treason, betrayal

traidor/a *m. f.* traitor, betrayer

trama plot, scheme

trasero behind, bottom

trasero/a back, rear

trasfondo background

trasladar to move, transfer

trasto piece of junk, old furniture or objects

tratar de + *inf.* to try to (do something); **tratarse de** to be a matter of

trato trade, commerce; deal, agreement; treatment

través: a ~ de *prep.* through

travesía voyage, crossing, crossroad

travieso/a mischievous, naughty

traza plan, trick, scheme

trazar to lay out; to describe, depict

trecho distance, stretch; **de ~ a ~** at intervals

tremendo/a terrible, tremendous

trigo wheat

tristeza sadness

trofeo trophy

tronco trunk

tropezar to bump into

trozo piece, chunk

tulipán tulip

túrtola turtledove

U

ubicar to locate, place

uña claw; nail

ungüento unguent, ointment, salve

unirse to unite, join

usurpar to consume

útil *adj.* useful

V

vacilación *f.* hesitation, wavering

vacilar to hesitate

vacío/a empty

vaivén *m.* oscillation

valioso/a valuable, precious

valorar to value, appraise

vanilocuencia verbosity

vano/a vain, useless

vapulear to beat up; to severely criticize

vasallo/a *m. f.* vassal, subject (of a state)

vasija vessel, container

vecino/a *m. f.* neighbor

vejez *f.* old age

vela vigil, watch

velar por to care for; to look after

venado deer

veneno poison

venganza vengeance, revenge

ventaja advantage

ventanal *m.* church window; picture window

verbosidad *f.* verbosity, wordiness

verdaderamente *adv.* really

vergüenza shame

vernáculo/a vernacular; **vernácula lengua** a language derived from Latin

verter to pour; to spill; to dump, empty

vestido dress

vía way

vidriado/a (glazed) earthenware

viento wind

vientre *m.* abdomen, belly, womb

viga beam, rafter

villanía humbleness of birth, dispicable act

viñeta vignette

víscera organ

vistazo glance; **echar un ~** to take a glance at

vituallas *f. pl.* victuals, provisions

vos *(archaic form of address)* thee, thou

voz *f.* voice; **dar ~ a** to express, voice

vuelta stroll, walk; **dar una ~** to take a walk

Y

yacer to lie, be lying down

yagua Indian group from the Amazon region

yerba grass, herb

yeso chalk, plaster

Z

zanahoria carrot

zarceta bird, garganey

zúngaro a kind of fish

Photo Credits

Unit 1

Page 1: Stuart Cohen/Comstock, Inc. *Page 13:* Jean-Claude Lejeune/Stock, Boston. *Page 21:* ©Quino. Reproduced with permission. *Page 41:* Bob Daemmrich/Stock, Boston. *Page 47:* David Carriere/Tony Stone Images/New York, Inc.

Unit 2

Page 55: Schelkwijk/Art Resource. *Page 79:* Arthur Beck/Photo Researchers.

Unit 3

Page 107: Rob Crandal/The Image Works. *Page 120:* D.B. Owen/Black Star. *Page 126:* M. Antman/The Image Works. *Page 133:* Michael Dwyer/Stock, Boston. *Page 137:* ©Stan Eales 1991, GRUP Street, London/Ediciones SM, 1992, *El Libro del Ecohumor*. Reproduced with permission.

Unit 4

Page 147: Michael Dwyer/Stock, Boston. *Page 154:* Nanci McGirr/Black Star. *Page 161:* Courtesy *Americas* Magazine and Organizations of American States, Washington, D.C. *Page 167:* Peter Menzel/Stock, Boston. *Page 181:* Keystone Names/Shooting Star.

Unit 5

Page 187: Corbis-Bettmann. *Page 204:* Shaun Egan/Tony Stone Images/New York, Inc. *Page 210:* Courtesy EMI Records Group, UK and Ireland.

Text Credits

I Unidad

Gustavo Pérez Firmat. "Y/O: YO" recontextualization of the "Prólogo" to the Spanish version of *Next Year in Cuba: A Cubano's coming of age in America*. Copyright 1995. Published by Anchor/Doubleday. Reprinted by permission of the author. / Julia Alvarez. "Bilingual Sestina." *The Other Side/El Otro Lado*. Copyright © 1995 by Julia Alvarez. Published by Dutton, a division of Penguin USA. Reprinted by permission of Susan Bergholz Literary Services, New York. All rights reserved. / Esmeralda Santiago. From *Cuando era puertorriqueña*. Copyright © 1994 by Esmeralda Santiago. Reprinted by permission of Vintage Books, a Division of Random House, Inc. and Addison-Wesley Inc. / Sandra Cisneros. "Mi nombre," and "Bien águila." *La casa en Mango Street*, trans. Elena Poniatowska. Reprinted by permission of Susan Bergholz Literary Services, New York. All rights reserved. / Cherríe Moraga. "La güera." *Este puente, mi espalda*. Copyright 1988. Reprinted with permission of the author. Anonymous Southwestern story "Chicoria," eds. José Griego y Maestas and Rudolfo Anaya.

II Unidad

Laura Esquivel. From *Como agua para chocolate*. Copyright © 1989 by Laura Esquivel. Used by permission of Doubleday, a division of Bantam Doubleday Dell Publishing Group Inc. / Luís Tapia. "Agua, chocolate y un amor difícil." *Más*, March 1993. Reprinted by permission of Univision Publications. / Quino. "El restaurante" © Quino/Quipos. Reprinted with permission of Quipos s.r.l. / Pablo Neruda. "Oda al tomate." Reprinted with permission of Agencía Literaria Carmen Balcells. / Vicente Quirarte. "Grafitis en el bar de estibadores." *El amor que destruye lo que inventa: Historias de la historia*. Lecturas Mexicanas, 1995. Reprinted with permission of the author. / Camilo José Cela. *La colmena*. Copyright 1951. Reprinted with permission of Agencía Literaria Carmen Balcells. / Julio Ramón Ribeyro. "La botella de chicha." Published by Editorial Milla Batres, S.A.

III Unidad

Hernán Cortés. "Tenochtitlán." *Cartas de relación*. Copyright 1985. Reprinted with permission of Editorial Porrua S.A. de C.V. / Federico García Lorca. "La aurora." *Poeta en Nueva York*. Copyright 1984. Reprinted with permission of Agencía Literaria Mercedes Casanovas. / Gloria Fuertes. "Nota biográfica." *Obras incompletas*, 11 edition. Reprinted with permission of Ediciones Cátedra, Madrid, 1994. / Jorge Luis Borges. "Vanilocuencia." Reprinted by permission of Susan Bergholz Literary Services, New York. All rights reserved. / Stan Eales. *El libro de ecohumor*. © Stan Eales 1991. Reprinted with permission of Ediciones SM+. / Julio Cortazar. "Continuidad de los parques." *Final del juego*. Copyright 1956. Reprinted with permission of Agencía Literaria Carmen Balcells.

IV Unidad

Rigoberta Menchú. *Me llamo Rigoberta Menchú y así me nació la consciencia*. Reprinted with permission of Siglo Veintiuno editores SA de CV+ / Eulalia Bernard Little. "Y el negro rezó." Reprinted with permission of the author. / Interamerican Commission on Human Rights. Afiche conmemorativo de la comisión interamericana de derechos humanos. Reprinted by permission. / Lucía Guerra. "Más allá de las máscaras," from *Más allá de las máscaras*. Copyright 1984. Reprinted with permission of the author. / Mecano. "Fallo positivo." *Aidalai*. By Ariola, reprinted by permission of Jose María Cavero. / E. Aguirre y C. Font. "La cruzada de Mecano contra el SIDA." *Panorama*, 21 September 1992. Reprinted by permission of Revista Panorama.

V Unidad

Anónimo. "Adivinanzas." / Anónimo. "Trabalenguas." / Anónimo. "La bella durmiente del bosque." Published by Peralt Montagut Ediciones. / Anónimo. "Lanzarote." / Joaquín Díaz. "Una pastora." *Canciones sefarditas movieplay*. Copyright 1972. Colección Nueva Castilla. / Gonzalo Botín. "Los Monjes de Silos lanzan su canto al mercado mundial." *El País—edición internacional*, February 1994. Reprinted with permission. / Gonzalo de Berceo. "Vida de Danto Domingo de Silos." In Francisco Rico, ed., *Mil años de poesía española*. Editorial Planeta, 1996. Reprinted with permission. / María Chavarría, "Origen del rio Amazonas." Published by Editorial Costa Rica.